Jornada Low-Code

Organização e curadoria

Antonio Muniz
Flávio Botrel Castro
Henrique de Castro
Maria Goreti Macena

Jornada Low-Code

Aprenda com resultados reais de empresas brasileiras

BRASPORT

Rio de Janeiro

2025

Técnica e muita atenção foram empregadas na produção deste livro. Porém, erros de digitação e/ou impressão podem ocorrer. Qualquer dúvida, inclusive de conceito, solicitamos enviar mensagem para **editorial@brasport.com.br**, para que nossa equipe, juntamente com o autor, possa esclarecer. A Brasport e o(s) autor(es) não assumem qualquer responsabilidade por eventuais danos ou perdas a pessoas ou bens, originados do uso deste livro.

BRASPORT Livros e Multimídia Ltda.
Rua Sete de Setembro, 48, 3° andar, loja 301
Centro, Rio de Janeiro, RJ, CEP 20050-009
Tel./Fax: (21)2568.1415
e-mails: administrativo@brasport.com.br
vendas@brasport.com.br
editorial@brasport.com.br
www.brasport.com.br

Editor:
Antonio Muniz

Operação:
Monaliza Rosario

Produção Editorial:
Marina Oliveira

Editoração Eletrônica:
Rinaldo Mickus
Gleyce Roberta

Capa:
Rinaldo Mickus

Dados Internacionais de Catalogação na Publicação (CIP)

(Câmara Brasileira do Livro, SP, Brasil)

Jornada low-code : aprenda com resultados reais de empresas brasileiras / organização e curadoria Antonio Muniz...[et al.]. -- 1. ed. -- Rio de Janeiro : Brasport Livros e Multimídia, 2025.

Vários autores.
Outros organizadores: Flávio Botrel Castro, Henrique de Castro, Maria Goreti Macena.

ISBN 978-65-6096-085-5

1. Administração de empresa 2. Inovações tecnológicas - Administração 3. Inovações tecnológicas - Aspectos econômicos 4. Inovações tecnológicas - Previsão 5. Tecnologia 6. Transformação digital I. Muniz, Antonio. II. Castro, Flávio Botrel. III. Castro, Henrique. IV. Macena, Maria Goreti.

25-294724.0 CDD-658.4062

Índices para catálogo sistemático:

1. Transformação digital : Sistemas de informação empresarial : Administração 658.4062

Aline Graziele Benitez - Bibliotecária - CRB-1/3129

Conheça o patrocinador do livro

Advisor IT Services

Nossa missão é ajudar os nossos clientes a multiplicarem resultados, respeitando o contexto de cada empresa e valorizando o repertório das suas equipes.

Somos referência em agilidade para negócios, gestão de projetos, *DevOps* e qualidade de software. O nosso portfólio une serviços de consultoria, capacitação e alocação de profissionais especializados Advisor Prime.

Consulte nosso site para entender como podemos multiplicar também os seus resultados:

<www.advisor.tec.br>

Conheça os curadores e organizadores do livro

Antonio Muniz[1]

Empresário, escritor, editor, palestrante, professor universitário e coordenador de MBAs. Colaborou com mais de 40 mil pessoas e mais de 100 times em consultorias, mentorias, cursos de MBA, *workshops* e palestras em empresas líderes de mercado, como Prudential, SulAmérica, Petrobras, Vivo, Itaú, Oi, Eletrobras, Energisa, DHL, Accenture, Icatu, Banco do Brasil, Banco Safra, Banco PAN, Citibank, Finep, Totvs, Banco Carrefour. Como fundador e *headhunter* da Jornada Colaborativa, mobilizou milhares de autores e formou novas lideranças para escrever mais de 50 livros sobre tecnologia, desenvolvimento de software, agilidade, inovação e liderança. Como iniciativa voluntária, doamos mais de R$ 550 mil para instituições com o lançamento dos livros em parceria com a Brasport e com o apoio de empresas amigas. Sua formação tem uma base multidisciplinar em negócios, tecnologia e liderança, com mestrado em administração no Ibmec, MBA em telecomunicações na FGV, graduação em tecnologia na Unigranrio e certificações em agilidade, *Lean*, tecnologia, projetos, processos e serviços.

---

[1] <https://www.linkedin.com/in/antoniomunizoficial/>.

Flavio Botrel Castro[2]

Profissional com mais de 20 anos de experiência em tecnologia, projetos e produtos, formado em Ciência da Computação, com especialização em Gestão de Projetos, pós-graduação em Liderança em Produtos Digitais e MBA Executivo em Agilidade, Tecnologia e Negócios.

Ao longo da carreira, liderou iniciativas de transformação, atuando desde a concepção até a entrega de projetos e produtos, sempre focado em gerar valor, alinhar estratégias e aprimorar a experiência do cliente. Nos últimos anos, tem se dedicado à adoção de novas tecnologias, metodologias e inovações de mercado, buscando acelerar entregas e simplificar processos corporativos.

Além do trabalho em grandes empresas, contribui voluntariamente na Jornada Colaborativa. Neste livro, liderou a construção de uma obra que conecta teoria, prática e experiências reais do mercado para ampliar o uso do low-code nas organizações.

---

[2] <https://www.linkedin.com/in/flaviobotrelpro/>

Henrique de Castro[3]

CEO da New Rizon, empresa que combina consultoria e tecnologia para acelerar inovação digital em grandes negócios.

Atua há mais de 23 anos em tecnologia, liderando projetos escaláveis (mais de 10 milhões de usuários) e implementando inteligência artificial desde 2012.

Uma pessoa que já viveu os dois lados, programador e executivo, o que o ajudou a ter uma trajetória prática e permitiu que fosse um dos protagonistas em IA no Brasil.

Com *low-code*, atuou desde sua época de desenvolvedor e faz bastante uso ao liderar a New Rizon.

[3] <https://www.linkedin.com/in/henrique-de-castro-innovation/>

Maria Goret Macena[4]

Bacharel em Matemática com ênfase em Informática, possui MBA em GRC, Sistemas de Informação e Governança de IA e Dados. Com mais de 25 anos de experiência em liderança de operações de TI, atua em projetos de *Workplace Management*, Governança Corporativa, gestão de processos, força de trabalho e experiência do cliente, integrando *frameworks* e metodologias como BPMN, SIPOC, *Customer Journey*, fluxo de valor, análise de dados, OKRs e gestão de projetos.

É auditora líder nas normas ISO 20000, ISO 27001, ISO 42001, ISO 31000, ISO 27701, ISO 37001 e SGI (ISO 9001, 14001, 20000, 27001 e 45001), além de consultora em SOC 2, aplicando abordagens como COBIT® 2019, ITIL® 4, VeriSM®, *Lean IT* e COSO. Possui certificações em *Design Thinking* (UX/CX), *Scrum*, *Kanban*, *DevOps*, PDPF, LGPD e *Management* 3.0, com atuação como facilitadora em treinamentos de liderança e gestão moderna (*Management* 3.0).

Curadora e auditora dos programas HDI SCC e CSS, é membro do *Strategic Advisory Board* (SAB) do HDI Brasil e participante ativa de comunidades voltadas à segurança e privacidade, SOC 2, UX/CX, Jornada Colaborativa, *low-code* e automações com N8N.

---

[4] <https://www.linkedin.com/in/maria-goreti-macena-03305419/>

Sobre a Jornada Colaborativa

Juntos somos mais inteligentes e transformamos mais vidas!

Era uma vez um professor universitário que sonhava lançar um livro quando finalizou o mestrado em 2007.

Depois de algumas ideias para publicação em temas como certificação Microsoft, gestão de projetos e gestão de serviços, o sonho começou a ser concretizado em 2017 com o livro *Jornada DevOps*, mas alguns obstáculos travaram sua evolução após a definição da estrutura final para a certificação oficial EXIN e a escrita de três capítulos.

Em setembro de 2018, durante uma palestra na PUC Minas, surgiu um *click*: "será que outras pessoas apaixonadas por *DevOps* ajudariam com a escrita colaborativa?" Dezenas de pessoas aceitaram o convite e o livro foi lançado para 350 pessoas no dia 06 de junho de 2019 no Centro de Convenções SulAmérica no Rio de Janeiro, após um intenso trabalho coordenado com pessoas de várias cidades que nunca haviam trabalhado juntas antes.

Após essa experiência bem-sucedida com muitos aprendizados, a escalada dos times gerou grandes amizades, novas iniciativas e doação de R$ 553 mil para instituições com o lançamento de 41 livros com empresas amigas como Globo, Lojas Renner, Banco PAN, Banco Carrefour.

Sonhamos transformar mais vidas unindo a inteligência coletiva de especialistas, as comunidades e as empresas amigas...

<https://www.jornadacolaborativa.com.br/>

<https://www.linkedin.com/company/jornadacolaborativa/>

<contato@jornadacolaborativa.com.br>

Apresentação

Em minha atuação como empresário e *advisor* de agilidade e tecnologia, tenho uma grande interação com executivos, empresários e conselheiros cada vez mais interessados em iniciativas que melhorem resultados de negócio. O uso de tecnologia que aumenta a produtividade das equipes torna-se uma prática cada vez mais importante no mundo digital em que vivemos.

Dentre as expectativas anuais para o mercado global das plataformas de *low-code*, estima-se que o investimento anual será de US$ 187 bilhões até 2030 (Research and Markets, 2020).

A história do livro *Jornada Low-Code* começou há dois anos, conversando com várias pessoas amigas que são referência no mercado. Após alguns dias, refleti que tinha total sentido aprofundar esse importante tema em um novo livro colaborativo e pensei em alguns nomes para compor o time organizador e a curadoria. Fiquei muito animado com o forte engajamento do Flávio Botrel e da Maria Goreti desde a estruturação inicial dos *cases* e tivemos também o reforço do Henrique de Castro na curadoria.

A seleção dos *cases* com experiências diversificadas teve uma criteriosa avaliação e foi uma surpresa positiva porque tivemos uma rápida adesão de grandes feras que vivenciam diariamente a adoção de *low-code* em variadas empresas.

Parabéns ao nosso timaço!

Aproveite esse conteúdo incrível!

Antonio Muniz

Fundador da Jornada Colaborativa, CEO na Advisor

Critérios para seleção dos cases

Objetivo

O livro *Jornada Low-Code* tem como propósito reunir experiências reais que evidenciem como o uso de plataformas *low-code* tem impulsionado a transformação digital em diferentes segmentos. Buscamos apresentar ao leitor, por meio de casos práticos, o potencial do *low-code* para resolver desafios complexos de forma ágil, econômica e escalável.

Processo de seleção

Foi disponibilizado um formulário estruturado com perguntas abertas e fechadas, visando captar informações completas e qualificadas sobre os casos de uso. A seleção considerou os seguintes critérios mínimos:

1. **Diversidade de segmentos:** buscamos contemplar diferentes áreas de atuação (finanças, saúde, varejo, educação, entre outros), demonstrando a aplicabilidade do *low-code* em contextos variados.
2. **Representatividade de plataformas:** foram priorizados *cases* que utilizassem diferentes plataformas *low-code* (como Power Apps, OutSystems, Mendix etc.), para garantir pluralidade tecnológica.
3. **Clareza na estrutura narrativa:** os *cases* precisavam apresentar com clareza:
    - O cenário inicial e a dor que motivou a busca por uma solução.
    - A justificativa para adoção do *low-code* frente a outras alternativas (*high-code* ou SaaS).
    - A trajetória da implantação, incluindo desafios, resistências e aprendizados.

- Os resultados obtidos, com dados objetivos sempre que possível.
- A adesão da alta gestão e das equipes operacionais, bem como práticas de governança e segurança adotadas.

4. **Evidência de valor gerado:** casos com indicadores de sucesso, ganhos operacionais ou melhorias percebidas foram priorizados.
5. **Consentimento de publicação:** apenas foram considerados os *cases* autorizados formalmente pelos participantes para publicação no livro e, eventualmente, para divulgação em *podcasts*.

Estrutura esperada para cada capítulo

Os capítulos foram organizados seguindo uma lógica narrativa consistente, para que o leitor pudesse acompanhar cada jornada do início ao fim:

- Introdução e contexto organizacional
- Problema enfrentado e motivação para escolha do *low-code*
- Processo de adoção, resistências e soluções encontradas
- Resultados alcançados (qualitativos e quantitativos)
- Métricas de sucesso e boas práticas
- Considerações finais dos autores

Categorias temáticas

Embora não obrigatórias, as histórias também foram analisadas com base em seu alinhamento com os seguintes focos de impacto:

- Automação de processos
- Modernização de sistemas legados
- Desenvolvimento de novos produtos digitais
- Integração entre áreas ou soluções
- Governança, segurança e escalabilidade

Sumário

Introdução

Desde os primórdios da humanidade, buscamos maneiras de automatizar tarefas e tornar nossas vidas mais eficientes. Da invenção da roda ao surgimento dos automóveis, cada inovação teve como objetivo principal reduzir o esforço manual e otimizar processos.

No mundo da tecnologia, essa busca por automação se reflete no desenvolvimento de software. Assim como o carro automatizou a locomoção, as ferramentas *low-code* e *no-code* surgiram para automatizar a criação de sistemas e aplicações, permitindo que mais pessoas construíssem soluções sem a necessidade de conhecimento profundo de programação.

O conceito de *low-code* foi introduzido oficialmente pela empresa Forrester Research em 2014, embora a ideia de abstrair a complexidade da programação já existisse em ferramentas anteriores, como **Microsoft Excel, Microsoft Access** e **Visual Basic**. Essas tecnologias permitiram que profissionais sem formação técnica criassem aplicações básicas, pavimentando o caminho para o movimento *low-code*. Desde então, a popularidade dessas ferramentas cresceu, tornando-se um componente essencial na transformação digital das empresas.

Nosso foco será demonstrar como diferentes abordagens podem impactar a criação de soluções tecnológicas e facilitar a inovação no dia a dia corporativo. Vamos a elas:

- ***No-code***: plataformas que permitem criar aplicações sem escrever uma linha de código. Usadas por empreendedores, designers e profissionais que precisam de soluções rápidas que não dependam de desenvolvedores.
- ***Low-code***: um meio-termo. Ferramentas que permitem acelerar o desenvolvimento com componentes prontos, mas mantendo a possibilidade de customização com código quando necessário.

- ***High-code***: o modelo tradicional, em que tudo é feito do zero com código. Garante maior flexibilidade, mas demanda mais tempo e conhecimento.

Essa transformação deu origem a uma nova categoria de profissionais: os ***Citizen Developers***. São pessoas que não são programadores de formação, mas utilizam plataformas *low-code* para criar soluções, automatizar processos e inovar em seus setores. Esse movimento é fundamental, pois reduz a barreira de entrada e torna a tecnologia mais acessível. Segundo a Gartner (2021), até 2025, 70% das novas aplicações empresariais serão desenvolvidas utilizando tecnologias *low-code* ou *no-code*.

Pensar em software como algo rígido e estático é um erro comum. O software é como um jardim: precisa ser cultivado, podado e adaptado conforme as necessidades mudam. Essa analogia aparece em livros como *The Pragmatic Programmer*, de Andrew Hunt e David Thomas (2019), onde o código é visto como algo vivo, que precisa de manutenção e evolui ao longo do tempo. Outro livro essencial, *Continuous Delivery*, de Jez Humble e David Farley (2010), reforça a ideia de que o desenvolvimento de software deve ser um processo iterativo e flexível, pronto para mudanças contínuas. Além disso, *The Mythical Man-Month*, de Frederick P. Brooks (1995), destaca como a engenharia de software é um processo dinâmico, em que mudanças e adaptações são inevitáveis.

Hoje, com a ascensão da inteligência artificial, mais do que nunca, é essencial criar sistemas que possam ser rapidamente modificados. O mundo dos negócios exige agilidade, e um software pronto para ser alterado é mais valioso do que um sistema fixo e inflexível. A capacidade de adaptar soluções de forma rápida é o verdadeiro diferencial competitivo.

Neste livro vamos explorar *cases* reais em diversas empresas. São exemplos de profissionais que colocaram a mão na massa para criar soluções *low-code* e transformar seus negócios. O objetivo é mostrar que o conceito vai muito além de teoria e *frameworks*: é sobre fazer, errar, aprender e evoluir. O *low-code* é um caminho para quem quer tirar ideias do papel rapidamente e com eficiência.

JORNADA
COLABORATIVA

1

Eficiência na seleção de currículos com *low-code* e IA

Henrique de Castro[5]

Período de acompanhamento: De 07/2023 até o momento

Segmento da empresa: Tecnologia/Consultoria

Quantidade de colaboradores impactados: Menos de 100

Categoria do caso de uso: Automação de processos e *workflows*[6]

Plataforma *low-code* utilizada: N8N

[5] <https://www.linkedin.com/in/henrique-de-castro-innovation/>.

[6] Conjunto estruturado de etapas, regras e interações que definem o fluxo de execução de uma atividade ou processo.

1.1. Cenário inicial

Diante das frequentes demissões no setor de tecnologia, a organização lançou um processo seletivo para *trainees* com capacitação gratuita, o que gerou um volume inesperado de inscrições. Foram recebidos 4.800 currículos, o que criou um gargalo operacional e representou um risco concreto de perda de talentos qualificados.

O processo de triagem, voltado a candidatos em início de carreira, era conduzido de forma manual, descentralizada e com alta suscetibilidade a falhas humanas. O time de recursos humanos recebia currículos via site, LinkedIn e e-mail, reunia os arquivos em um *drive* compartilhado e lançava manualmente os dados em planilhas Excel, o que comprometia a eficiência e a rastreabilidade das informações.

1.2. A busca pela solução mais adequada

Diante da urgência imposta pelo cronograma do programa de *trainees* – já com data de início anunciada – e da complexidade operacional envolvida no processo de triagem, a organização optou por adotar uma plataforma *low-code*. A decisão foi guiada por dois fatores principais:

- **Velocidade de entrega**: a solução precisava ser implementada em curto prazo, assegurando a continuidade do processo seletivo sem comprometer prazos ou qualidade.
- **Preservação do fluxo existente**: a empresa buscava minimizar impactos operacionais, evitando rupturas nos processos já estabelecidos e a adoção de novos sistemas ou soluções SaaS complexas.

1.3. Processo de implantação

A adoção da solução *low-code* começou a partir de um problema evidente, mas frequentemente ignorado: o volume excessivo de currículos recebidos em curto prazo.

Seguindo o fluxo tradicional, os primeiros candidatos eram analisados rapidamente, enquanto os demais acabavam descartados por falta de tempo ou estrutura, criando dois riscos críticos: a perda de bons talentos e a tomada de decisões apressadas.

O objetivo, portanto, não era reinventar o processo seletivo, mas garantir que nenhum currículo fosse negligenciado, mantendo a qualidade da análise e reduzindo o tempo de contratação.

1.3.1. Diagnóstico e restrições

Desde o início, o diagnóstico apontou três restrições claras:

- Não era possível implantar um novo sistema ou plataforma.
- O fluxo de trabalho do RH não deveria ser alterado.
- As decisões críticas não poderiam ser automatizadas por completo.

Ou seja, qualquer solução deveria se adaptar ao processo vigente, com mínimo atrito e supervisão total por parte do time humano.

1.3.2. Desenho da solução

A arquitetura proposta se baseou em três pilares:

- **Centralização de dados:** todos os currículos recebidos, via e-mail, LinkedIn e site, passaram a ser salvos automaticamente em uma pasta no Google Drive, com extração de metadados para uma planilha do Excel.
- **Classificação com IA (inteligência artificial):** cada currículo era analisado por uma instância do GPT-4o[7], que gerava uma nota preliminar e uma indicação de avanço ou não, com base em critérios definidos pelo RH.
- **Orquestração com N8N[8]:** a automação completa – da leitura de arquivos ao preenchimento da planilha – foi construída com N8N, sem código, incluindo *logs*, checagens e alertas em caso de falhas.

---

[7] Modelo avançado de linguagem da OpenAI, que utiliza inteligência artificial para interpretar textos, gerar resumos, classificar informações e auxiliar em decisões com base em critérios definidos.

[8] Ferramenta de automação de processos *low-code/open source* que permite integrar diferentes sistemas, executar tarefas automatizadas e construir *workflows* personalizados sem necessidade de programação avançada.

1.3.3. Ajustes e lições

- Durante os primeiros testes, ajustes importantes foram feitos:
- Refinamento dos critérios de análise do GPT-4o.
- Criação de filtros para priorizar candidatos com maior aderência.
- Simplificação dos campos da planilha para melhor usabilidade.
- Execução de testes A/B[9] comparando análises humanas com os resultados da IA.

Essas interações mostraram o poder da abordagem *low-code*: testar rápido, adaptar rápido, escalar com segurança.

1.3.4. Escala e consolidação

Após validação da gestão e adoção pela equipe operacional, o processo passou a fazer parte da rotina do RH. Eliminaram-se retrabalhos, planilhas paralelas e riscos de perda de informação.

A solução trouxe visibilidade, rastreabilidade e organização sem exigir treinamentos técnicos, investimentos em licenças ou mudanças culturais.

O N8N garantiu todas as integrações necessárias, enquanto a única personalização técnica ficou concentrada no *prompt* da IA. A iniciativa partiu da alta gestão, com o objetivo claro de manter o fluxo existente, mas com ganhos reais de eficiência.

1.4. Resultados alcançados

Ao final da implementação, os resultados superaram as expectativas iniciais não apenas do ponto de vista operacional, mas também da percepção de valor por parte da equipe e da gestão.

O principal objetivo foi plenamente alcançado: 100% dos currículos recebidos foram processados, eliminando o risco de perder talentos por falhas na triagem manual. Com o apoio de inteligência artificial e automação, o tempo entre o recebimento dos currículos e a convocação para entrevistas foi reduzido em média em 18%, representando semanas de ganho em processos seletivos de grande volume.

[9] Método de experimentação utilizado para comparar duas versões de um mesmo processo ou solução (A e B), com o objetivo de avaliar qual delas apresenta melhor desempenho em relação a um critério específico.

Além da eficiência operacional, a adoção do GPT-4o trouxe padronização e consistência à análise de perfis, minimizando a subjetividade. Ainda que a decisão final permanecesse humana, a base da triagem tornou-se uniforme, clara e rastreável.

A integração com ferramentas conhecidas (como Google Drive, Excel e N8N) viabilizou uma solução totalmente adaptada ao ambiente da empresa, sem necessidade de adquirir novos sistemas ou promover treinamentos técnicos. Essa abordagem facilitou a adesão da equipe, que inicialmente demonstrava resistência, mas passou a reconhecer o valor da automação como apoio ao seu trabalho, e não como uma ameaça.

Outro avanço importante foi a organização dos dados em tempo real, permitindo a criação de *dashboards* com indicadores estratégicos como: volume diário de currículos processados, taxa de aprovação automatizada, tempos médios por etapa e histórico de classificação por vaga. Informações que antes estavam dispersas ou simplesmente não existiam passaram a embasar decisões de forma estruturada e confiável.

A seguir, as tabelas apresentam os principais indicadores operacionais e estratégicos, comparando a situação anterior e posterior à implantação da solução *low-code*, e evidenciando os ganhos concretos e percebidos pela organização.

1.4.1. Tangíveis e metrificáveis

Tabela 1.1. Métricas operacionais.

Fonte: o autor.

Indicador	Situação antes da solução	Situação após a implantação
Processamento de currículos	Triagem manual, sujeita a falhas e esquecimentos	100% dos currículos processados automaticamente, com supervisão humana
Tempo médio de triagem por currículo	De 3 a 5 minutos por currículo	Até 30 segundos com apoio da IA
Carga de trabalho com tarefas repetitivas	Alto volume de horas do RH apenas na triagem	Redução estimada de 120 horas por processo com mais de mil currículos

Indicador	Situação antes da solução	Situação após a implantação
Centralização das informações	Currículos dispersos em e-mails e planilhas avulsas	Centralização automática no Google Drive, com dados organizados no Excel
Erros por exclusão indevida	Candidatos qualificados eliminados por falta de tempo ou falha humana	Zero exclusões indevidas relatadas após a automação com validação humana
Ferramentas utilizadas	Ferramentas tradicionais, sem integração	Solução com ferramentas já conhecidas (Drive, Excel, N8N), sem custo adicional

Tabela 1.2. Métricas estratégicas.

Fonte: o autor.

Indicador	Situação antes da solução	Situação após a implantação
Tempo médio de contratação	Atrasos recorrentes por acúmulo de currículos	Redução de 18% no tempo total do processo seletivo
Qualidade e consistência na triagem inicial	Alta variabilidade entre analistas	Padronização via GPT-4o com aumento de 12% no aproveitamento dos currículos classificados como "sim"
Visibilidade e tomada de decisão	Dados descentralizados e planilhas manuais	*Dashboards* automáticos (Metabase[10]) com indicadores de volume, tempo, aprovação e tipo de vaga

[10] Plataforma *open source* de visualização de dados que permite a criação de *dashboards*, relatórios e consultas dinâmicas de forma intuitiva, sem exigir conhecimento técnico profundo. Ideal para democratizar o acesso a dados dentro das organizações.

Indicador	Situação antes da solução	Situação após a implantação
Adoção pela equipe e resistência à mudança	Preocupações com novos sistemas e quebra de fluxo	Adesão total: sem curva de aprendizado ou ruptura cultural
Custo de implantação	Opções tradicionais exigiriam aquisição de sistemas	Zero custo adicional: uso de recursos já disponíveis via *low-code*

1.5. Aprendizados

Este *case* mostra que tecnologia boa não é necessariamente a mais nova, mas aquela que resolve o problema certo, do jeito certo e com o menor atrito possível.

A escolha pelo *low-code* não representou uma limitação técnica, mas uma estratégia consciente: usar o que já estava disponível, com ferramentas conhecidas, para entregar resultados reais, rápidos e sustentáveis.

Mais do que automatizar triagens, o projeto transformou a maneira como o time de RH lida com volume, dados e tempo – e fez isso sem comprar novas plataformas, sem contratar consultorias externas e sem meses de implantação. A seguir, destacam-se os principais aprendizados da jornada:

- **Inovação não precisa ser ruptura:** muitas vezes, inovar é fazer melhor com o que já existe, e não reinventar o processo.
- **Soluções simples têm maior adesão:** ao manter o fluxo de trabalho do RH inalterado, a aceitação foi natural e espontânea.
- **Complementar, e não substituir:** a tecnologia foi introduzida para apoiar o time humano, o que fortaleceu a confiança e o engajamento da equipe.
- ***Human-in-the-loop*[11] é essencial:** mesmo com automação, manter o olhar humano na etapa decisiva foi fundamental para credibilidade e controle.

[11] Estratégia que mantém o ser humano como parte essencial de processos automatizados, especialmente nas decisões críticas. Em vez de substituir pessoas, a tecnologia atua como apoio, garantindo controle, validação e confiabilidade.

- **IA precisa de contexto:** os melhores resultados vieram quando a inteligência artificial foi alimentada por critérios claros definidos pelo próprio RH.
- ***Low-code* é meio, não fim:** a ferramenta funcionou porque estava a serviço do problema. Evitar a complexidade desnecessária foi o que manteve a solução útil e sustentável.
- **Iterar é mais valioso do que planejar em excesso**: testar rápido, corrigir de forma leve e escalar com segurança foi a lógica que sustentou a evolução do projeto.

No fim, a maior lição foi entender que a combinação entre simplicidade, protagonismo do time de negócio e uso inteligente da tecnologia pode gerar transformação real, mesmo (ou especialmente) em ambientes que não estavam preparados para grandes mudanças.

1.6. Sobre o autor

Henrique de Castro é CEO da New Rizon, empresa que combina consultoria e tecnologia para acelerar inovação digital em grandes negócios.

Atua há mais de 23 anos em tecnologia, liderando projetos escaláveis (mais de 10 milhões de usuários) e implementando inteligência artificial desde 2012.

Uma pessoa que já viveu os dois lados (programador e executivo), o que ajudou a ter uma trajetória prática e permitiu que fosse um dos protagonistas em inteligência artificial no Brasil.

Com *low-code*, atuou desde sua época de desenvolvedor e faz bastante uso ao liderar a New Rizon.

Cientista de dados com MBA executivo pelo Insper e especialização em IA no MIT, atua para sempre criar ambientes dinâmicos, desafiadores e orientados a resultado.

1.6.1. Papel na aplicação do *case*

Atuou como Gestão e Liderança, sendo responsável pela mediação entre as áreas técnicas e de negócio, estruturação dos requisitos, definição de indicadores e apoio na implantação de práticas de governança.

JORNADA
COLABORATIVA

2

ETL e *low-code*: otimizando a governança de dados com eficiência e escalabilidade

Cristiane Rodrigues da Silva[12]

Período de acompanhamento:	De 08/2024 a 02/2025
Segmento da empresa:	Tecnologia/Consultoria
Quantidade de colaboradores impactados:	Mais de 1.000
Categoria do caso de uso:	TI e governança
Plataforma *low-code* utilizada:	Microsoft Fabric

[12] <https://www.linkedin.com\in\cristiane-rodrigues-da-silva>.

2.1. Cenário inicial

Quando começamos a enfrentar os desafios da governança de dados na organização, a situação era mais complexa do que imaginávamos. Os processos de ETL (*Extract, Transform, Load*) estavam consumindo um tempo enorme da nossa equipe, e a dependência de um time técnico altamente especializado estava tornando a escalabilidade quase impossível. Além disso, os dados estavam espalhados por diversos sistemas, e a rastreabilidade era extremamente limitada. Como consequência, o tempo para atender às demandas de negócios estava muito acima do esperado, o que nos colocava sob uma pressão constante. Precisávamos urgentemente de uma solução que não só resolvesse a questão da governança dos dados, mas também nos permitisse responder mais rápido às necessidades do negócio. O tempo era um fator crítico, e a agilidade na entrega de dados e *insights* era essencial para o nosso sucesso.

2.2. A busca pela solução mais adequada

Diante desse cenário, decidimos adotar uma solução baseada em *low-code*, acreditando que seria a melhor maneira de unir agilidade e governança de dados. O objetivo era simplificar os processos de integração e automação, ao mesmo tempo em que garantíamos controle e qualidade sobre os dados. Para nós, a escolha foi lógica: precisávamos de algo que fosse rápido de implementar, fácil de manter e que se adaptasse às nossas necessidades específicas.

Optamos pelo Microsoft Fabric, principalmente porque era compatível com o nosso banco de dados existente e poderia ser integrado diretamente às fontes internas de dados. No entanto, sabíamos que havia outras opções no mercado que também poderiam atender a esses requisitos. O Google AppSheet, por exemplo, é uma boa opção para empresas que já utilizam os serviços da Google Cloud, pois permite a criação de aplicações personalizadas sem a necessidade de codificação intensa. O Amazon Honeycode se mostrou atraente para quem está imerso no ecossistema da AWS, oferecendo uma plataforma simples para automação de processos. E para organizações que buscam algo mais robusto, focado em inteligência artificial, o IBM Watson Studio se apresenta como uma alternativa interessante, com recursos avançados para *machine learning* e análise de dados, também em um ambiente *low-code*.

2.3. Processo de implantação

A implantação não foi simples. Desde o início, minha função foi atuar como facilitadora na análise de negócios, mapeando os requisitos e alinhando as expectativas das áreas de negócios com a equipe técnica. Também tive que garantir que a equipe técnica se adaptasse rapidamente às ferramentas *low-code*, o que não foi fácil, pois muitas das personalizações exigiam mudanças significativas nos processos de dados.

As customizações que fizemos foram voltadas para a criação de rotinas de transformação de dados, automações de alertas e controles visuais que, anteriormente, demandariam semanas de codificação manual. O time de TI, que até então trabalhava com recursos limitados e sem *dashboards* avançados, precisou adotar um processo incremental, com foco em entregas rápidas e mensuráveis.

A ajuda da alta gestão foi essencial. Para convencê-los, usamos MVPs (*Minimum Viable Products*) que demonstraram os resultados rapidamente, o que ajudou a ganhar confiança. O time operacional também foi fundamental; envolvemos todos desde o início, promovendo *workshops* colaborativos para a construção das regras de negócios.

2.4. Resultados alcançados

2.4.1. Tangíveis e metrificáveis

Com o tempo, os resultados começaram a aparecer. O tempo necessário para a construção das rotinas ETL foi reduzido em 40%, o que aliviou significativamente a equipe técnica, permitindo que eles se concentrassem em outras tarefas mais estratégicas. Conseguimos implementar *dashboards self-service*, com visualizações em tempo real, o que transformou a maneira como os colaboradores interagiam com os dados. Esse avanço também contribuiu para a diminuição de 65% nos incidentes de integridade de dados, refletindo uma melhoria clara na governança e no controle das informações.

Também houve mudanças mais sutis, mas igualmente importantes. A área de TI, que antes era vista apenas como um setor de suporte, passou a ser considerada uma verdadeira parceira estratégica para as áreas de negócios. Outro ganho importante foi o empoderamento dos analistas, que passaram a usar as ferramentas *low-code* de maneira mais independente, sem precisar tanto da equipe técnica. Finalmente, conseguimos consolidar uma cultura mais orientada a dados, com um foco crescente na governança da informação, algo que antes não recebia a devida atenção.

Tudo isso foi fruto da colaboração constante entre os times e da escolha de uma abordagem incremental, que nos permitiu validar, testar e melhorar continuamente nossas soluções. A transformação não foi apenas técnica, mas também cultural, e todos na organização passaram a tratar os dados como um ativo estratégico.

2.5. Aprendizados

Nessa jornada evoluímos a nossa cultura de dados. Para tal, não bastou apenas adotar ferramentas sofisticadas. Foi necessário melhorar os processos pelos quais os dados eram tratados, transformados e entregues. Isso foi o que realmente impulsionou o sucesso do projeto.

Uma lição importante foi a necessidade de termos rituais de acompanhamento. As reuniões quinzenais de análise de desempenho das integrações se mostraram essenciais para garantir que os resultados estivessem sempre alinhados às nossas expectativas.

Além disso, percebi que, apesar de altamente eficazes em muitos cenários, as soluções *low-code* não são a solução ideal para todas as empresas. Algumas organizações podem se beneficiar mais de soluções de alto código (*high-code*), que oferecem maior personalização e controle sobre os processos. A chave está em entender as necessidades específicas de cada organização e escolher a solução que melhor se encaixa nesse contexto.

Ao refletir sobre todo o processo, ficou claro para mim que a evolução da cultura de dados é, na verdade, um reflexo direto de como as equipes lidam e tratam os dados. A adoção de ferramentas e processos adequados foi a base que nos permitiu dar o próximo passo em nossa jornada de dados e governança.

2.6. Sobre a autora

Cristiane Rodrigues da Silva é cientista de dados e idealizadora do projeto "tah na teia", iniciativa voltada para apoiar mulheres no desenvolvimento de suas carreiras em tecnologia e inovação. Com ampla experiência em *big data*, inteligência artificial e análise de dados, Cristiane atua na criação de soluções inovadoras para transformar informações em *insights* estratégicos. Além disso, é mentora em diversas iniciativas e está sempre explorando novas formas de impulsionar a inclusão e o aprendizado no setor de tecnologia.

2.6.1. Papel na aplicação do *case*

Atuou como Analista de Negócio, sendo responsável pela mediação entre as áreas técnicas e de negócio, pela estruturação dos requisitos, pela definição de indicadores e pelo apoio na implantação de práticas de governança.

3

Jornada de implantação de RPA na prática: automatizando processos com foco em resultado

Zandra Cristina Queiroz[13]

Período de acompanhamento: De 07/2023 até o momento

Segmento da empresa: Concessionária de veículos

Quantidade de colaboradores impactados: 450

Categoria do caso de uso: Automação de processos e *workflows*

Plataforma *low-code* utilizada: Automation Edge

[13] <https://www.linkedin.com\in\zandra-queiroz-93ba85105>.

3.1. Cenário inicial

A implantação da automação surgiu da necessidade de otimizar processos operacionais repetitivos, que demandavam muito esforço manual e estavam sujeitos a erros. O volume crescente de transações administrativas e a necessidade de maior agilidade nos fluxos de atendimento interno pressionavam a equipe de TI e as áreas de negócio.

As atividades de controle de estoque, faturamento e lançamentos financeiros eram realizadas de forma manual, com pouco reaproveitamento de dados e baixa rastreabilidade. Essa realidade começou a comprometer os indicadores de produtividade e qualidade, exigindo uma intervenção tecnológica urgente.

3.2. A busca pela solução mais adequada

A decisão de utilizar uma solução *low-code* para RPA (*Robotic Process Automation*) foi motivada pela possibilidade de entregar valor em curto prazo, com menor dependência de desenvolvedores e uma relação custo-benefício mais atrativa que uma solução *high-code.*

As plataformas avaliadas permitiam integração com sistemas legados via APIs e manipulação de dados sem exigir reestruturação profunda dos processos existentes, o que viabilizou a estratégia sem grandes impactos na operação.

3.3. Processo de implantação

O projeto foi liderado pela equipe de Gestão e Liderança, que estruturou um plano piloto com três processos críticos. Foram realizados *workshops* com os usuários-chave, definição de KPIs e construção de fluxos automatizados em ciclos rápidos de entrega (*sprints*).

As APIs utilizadas foram fundamentais para viabilizar a automação entre os sistemas de faturamento, estoque e atendimento. A equipe manteve um canal de comunicação direto com as áreas envolvidas, promovendo sessões de validação e ajustes contínuos. A condução focada no aprendizado prático, aliada à coleta de *feedbacks*, gerou confiança nos usuários finais e contribuiu para o sucesso da implantação.

3.4. Resultados alcançados

3.4.1. Tangíveis e metrificáveis

- Redução de 70% no tempo de execução dos processos automatizados.
- Eliminação de 90% dos erros humanos nos fluxos-alvo.
- Liberação de 300 horas/mês da equipe operacional para tarefas analíticas.
- Adoção de boas práticas de versionamento e testes automatizados.

3.4.2. Intangíveis

- Aumento do engajamento entre TI e áreas de negócio.
- Consolidação de um Centro de Excelência em RPA, promovendo uma cultura de automação.
- Redução da resistência à inovação por parte das áreas operacionais.

3.5. Aprendizados

O verdadeiro agente de inovação não se limita à tecnologia, mas promove transformação cultural. Durante a jornada, percebeu-se que o maior desafio não era técnico, mas, sim, quebrar a mentalidade de que inovação exige sempre grandes investimentos e longos projetos.

Outro aprendizado importante foi o valor de começar pequeno: o piloto bem-sucedido foi decisivo para ganhar tração e apoio da liderança.

3.6. Sobre a autora

Zandra Cristina L. S. Queiroz é profissional com vasta experiência em gestão de projetos, automação e inovação. Atua em iniciativas de modernização tecnológica com foco em ganhos de eficiência e melhoria contínua. É referência na adoção prática de RPA em ambientes corporativos diversos.

3.6.1. Papel na aplicação do *case*

Atuou na Gestão e Liderança da iniciativa, coordenando a implantação do RPA, promovendo a conexão entre áreas técnicas e operacionais e garantindo a entrega de valor com foco em resultados.

JORNADA
COLABORATIVA

4

Low-code: uma estratégia de adoção com foco em transformação e escala

Ralph Barros Marinho[14]

Período de acompanhamento:	De 08/2022 a 12/2024
Segmento da empresa:	Educação e conectividade
Quantidade de colaboradores impactados:	1.500
Categoria do caso de uso:	Transformação digital e modernização de sistemas
Plataforma *low-code* utilizada:	Power Platform (Power Apps, Power Automate)

[14] <https://www.linkedin.com\in\zandra-queiroz-93ba85105>.

4.1. Cenário inicial

Na maioria das empresas brasileiras, as áreas de tecnologia enfrentam a dificuldade de dar vazão à alta demanda por automações e soluções de negócio. A TI, muitas vezes sobrecarregada, não consegue absorver todas as necessidades com agilidade, o que leva à insatisfação das áreas usuárias e à busca por alternativas externas – nem sempre seguras ou escaláveis.

Nesse contexto, a organização iniciou um plano de modernização e transformação digital que previa o uso de tecnologias acessíveis e flexíveis, capazes de acelerar entregas com qualidade. O objetivo era criar um ambiente no qual a inovação pudesse partir também dos times de negócio.

4.2. A busca pela solução mais adequada

Com base em estudos como os da Gartner (2021), que apontam o *low-code* como tendência-chave para ganho de eficiência, foi decidido que essa seria a abordagem adotada. A opção por *low-code* permitiu atender com rapidez às múltiplas demandas das áreas internas sem sobrecarregar o time de TI.

A escolha descartou o uso exclusivo de desenvolvimento tradicional ou contratação de SaaS, por conta da necessidade de adaptação dos fluxos às particularidades da operação educacional e dos processos administrativos envolvidos.

4.3. Processo de implantação

A implantação teve como diferencial a condução por um programa estruturado de treinamento e adoção, liderado pelo autor, que atuou na sensibilização dos usuários e na formação de multiplicadores. Foram utilizados recursos como:

- Ambientes de teste com dados reais para promover confiança.
- Oficinas práticas com os times operacionais.
- Criação de uma comunidade interna de prática para troca de experiências.

As integrações com SharePoint, Dataverse e SQL Server foram fundamentais para unificar dados e garantir governança das soluções criadas.

4.4. Resultados alcançados

4.4.1. Tangíveis e metrificáveis

- Redução de 60% no tempo de entrega de soluções operacionais.
- Automatização de processos administrativos e acadêmicos em até três semanas.
- Melhoria na rastreabilidade e na conformidade, com adoção de fluxos padronizados.

4.4.2. Intangíveis

- Formação de líderes locais de inovação nas áreas usuárias.
- Melhoria da relação entre TI e áreas de negócio.
- Aumento da percepção de valor por parte das áreas operacionais sobre a transformação digital.

4.5. Aprendizados

Um dos principais desafios foi o relacionamento com as áreas da organização e o equilíbrio entre autonomia e governança. O envolvimento desde o início das áreas impactadas foi essencial para garantir a aderência das soluções e minimizar resistências.

Também se destacou a importância de educar para além da ferramenta, abordando conceitos como modelagem de processos, governança de dados e segurança da informação.

4.6. Sobre o autor

Ralph Barros Marinho é um incentivador da transformação digital, com atuação voltada para projetos de adoção tecnológica, capacitação e cultura de inovação. Atua na educação e na conectividade com foco em inclusão digital, formação de multiplicadores e geração de impacto positivo em larga escala.

4.6.1. Papel na aplicação do *case*

Atuou na frente de Treinamento e Adoção, sendo responsável pela formação de usuários, articulação com áreas de negócio, condução de testes práticos e estruturação da comunidade interna de *low-code*.

JORNADA
COLABORATIVA

5

Aplicação de IA em pesquisas de satisfação do cliente na Positivo Tecnologia: uma jornada *low-code* orientada pela experiência

Aquiles Nogueira[15]

Período de acompanhamento: De 01/2025 até o momento

Segmento da empresa: Tecnologia

Quantidade de colaboradores impactados: 8.000

Categoria do caso de uso: Aplicações para experiência do cliente

Plataforma *low-code* utilizada: Power Automate, Power Apps, N8n, Supabase e Dispara.ai

[15] <https://www.linkedin.com/in/aquilesnogueira/>

5.1. Cenário inicial

Antes da adoção da inteligência artificial, a empresa enfrentava sérios desafios ao lidar com pesquisas de satisfação de clientes. Dois colaboradores da central de relacionamento precisavam fazer os contatos telefônicos ativos, um processo que demandava muito tempo – isso porque muitos clientes se sentiam desconfortáveis em responder via telefone, principalmente em 2025, quando o WhatsApp já dominava a comunicação entre os brasileiros.

Além disso, as informações estavam dispersas, sem uma análise eficiente em tempo real, alimentadas por planilhas diversas, o que dificultava a extração de *insights* para decisões rápidas.

Os gestores de experiência do cliente precisavam de soluções que não apenas automatizassem a coleta e a organização das respostas, mas que também integrassem esses dados com informações operacionais e comerciais. Já a área de serviços enfrentava dificuldades em atender à demanda utilizando as ferramentas tradicionais.

5.2. A busca pela solução mais adequada

Wen e Chen (2022) e Capello e Lenzi (2021) afirmam que a combinação de IA com outros processos melhora a inovação e a qualidade dos serviços na Indústria 4.0, transformando fábricas em ambientes inteligentes e autônomos. A IA otimiza o planejamento, o processamento, a simulação e o monitoramento das linhas de produção, além de analisar dados ao longo do ciclo de vida do produto/serviço.

A empresa Positivo Tecnologia aplica IA em diversas áreas, como *call centers*, marketing, recursos humanos e outras. Investimentos em pesquisa, desenvolvimento e treinamento estão sendo feitos para implementar mudanças práticas, com a IA generativa sendo útil em análises de documentos, seleção de currículos, automação de tarefas financeiras, entre outras atividades.

A opção pelo *low-code* foi estratégica, visando garantir flexibilidade, rapidez na entrega e integração perfeita com os sistemas da empresa. Essa abordagem também facilitou a implementação de IA para análise semântica, algo que seria muito mais complexo e demorado com métodos de desenvolvimento tradicionais.

Após analisarmos diversas opções de fornecedores, encontramos uma plataforma que se encaixou bem nas nossas necessidades e oferecia uma solução de baixo custo de desenvolvimento.

Ao adotar o Microsoft Power Automate, conseguimos integrar todos os nossos recursos de segurança de forma criptografada e totalmente segura. Além disso, como já utilizamos produtos Microsoft em toda a empresa, a equipe de dados se adaptou facilmente e conseguiu fazer os ajustes necessários.

Com o processo *low-code*, conseguimos integrar o Power Apps e o Dispara.ai, uma ferramenta que constrói fluxos por meio de *cards* e permite disparar mensagens para clientes com total segurança e facilidade.

A opção de licenciar uma plataforma de pesquisa pronta foi descartada, pois não atendia às particularidades da operação e limitava a customização dos agentes de IA aplicados às respostas dos clientes.

5.3. Processo de implantação

A condução do projeto foi liderada pela área de serviços, com envolvimento direto do autor na gestão e articulação das integrações entre os sistemas de dados e as ferramentas de visualização, como Power BI e Supabase. A equipe técnica foi composta por analistas especializados em IA, que atuaram de forma colaborativa para garantir a eficácia da implementação.

As integrações técnicas envolveram o uso de APIs geradas pelo próprio Power Automate no ambiente Azure, o que facilitou a transição dos fluxos entre os ambientes de Qualidade (QA) e Produção. O Azure, com sua robustez e escalabilidade, permitiu uma integração contínua, garantindo que as atualizações fossem realizadas de maneira ágil e segura, sem interromper o funcionamento das operações.

A adesão da alta gestão foi conquistada por meio de pilotos estratégicos que demonstraram o poder analítico das soluções implementadas. Esses pilotos, executados em conjunto com a equipe de dados, permitiram apresentar resultados rápidos e eficazes, conquistando a confiança dos líderes. Enquanto isso, o time operacional foi engajado em várias fases de testes e *workshops*, com foco em treinamento e adaptação aos novos processos.

Convencer a equipe e a gestão sobre a sustentabilidade do novo processo é, sem dúvida, um dos maiores desafios em projetos desse porte. Esse processo exige um acompanhamento constante, com disciplina e foco na educação e no engajamento das partes envolvidas.

A curadoria do processo também representou um grande desafio, pois, para alcançar um alto nível de confiança nos resultados, foi necessário revisar continuamente os pontos de controle e os testes da plataforma. O acompanhamento rigoroso das métricas e a validação constante de dados foram essenciais para garantir a confiabilidade da solução.

O principal *trade-off* envolvido na decisão de adotar a abordagem *low-code* foi entre a agilidade da implantação e o grau de personalização desejado – embora o licenciamento de uma plataforma pronta pudesse gerar resultados imediatos, ela não atendia às especificidades operacionais da empresa nem permitia personalizar os agentes de IA aplicados às respostas dos clientes.

Ao optar por uma abordagem *low-code*, a organização assumiu um tempo de desenvolvimento mais longo e a necessidade de curadoria constante, com ciclos de testes e ajustes recorrentes. No entanto, esse caminho ofereceu maior flexibilidade e integração com os sistemas internos, além de ajustes finos (*fine-tuning*) conforme a evolução do negócio.

5.4. Resultados alcançados

5.4.1. Tangíveis e metrificáveis

- Aumento em 500% no número de respondentes das pesquisas de satisfação sobre os serviços.
- Análise automatizada de sentimento com acurácia validada por especialistas.
- Melhoria nos indicadores de NPS e maior agilidade na resposta às não conformidades.
- Redução de 75% no tempo de consolidação e análise de pesquisas.
- Fortalecimento da cultura de dados e protagonismo dos times internos.

5.4.2. Intangíveis

- Evolução da cultura de dados voltada para a experiência do cliente.
- Protagonismo do time de produto na entrega de valor via dados.
- Redução da resistência dos times à adoção de ferramentas analíticas avançadas.

5.5. Aprendizados

A adoção de soluções *low-code* integradas à IA vai além da escolha de uma boa plataforma; ela exige clareza de propósito e o envolvimento das áreas impactadas desde o início do processo.

Um ponto crucial que foi identificado ao longo do projeto foi a importância da governança e da segurança, especialmente em relação ao uso de dados sensíveis e à necessidade de documentação de todos os algoritmos utilizados.

Entre as boas práticas adotadas, destaca-se a criação de um comitê multidisciplinar, responsável pela validação contínua dos modelos de IA, que garantia o alinhamento das soluções às necessidades do negócio. Além disso, o uso de *dashboards* colaborativos se mostrou essencial, funcionando não apenas como ferramentas de monitoramento de desempenho, mas também como canais de comunicação para transmitir de forma clara e acessível o valor das soluções implementadas às diversas partes interessadas.

5.6. Sobre o autor

Aquiles Nogueira é Gerente de Serviços na Positivo Tecnologia, com trajetória consolidada em transformação digital e experiência do cliente. Atua na liderança de projetos que unem inovação, governança e dados com foco em impacto real nos negócios. Entusiasta da IA aplicada a contextos práticos e escaláveis.

5.6.1. Papel na aplicação do *case*

Atuou na Gestão e Liderança do projeto, coordenando a estratégia de adoção da IA em pesquisas de satisfação de clientes, garantindo a integração com os sistemas existentes, apoiando na curadoria e promovendo a cultura de *insights* em tempo real.

6

Agentes inteligentes e segurança: o futuro da abertura de contas PJ

Maycon Cypriano Batestin[16]

Período de acompanhamento: De 01/2023 a 02/2025

Segmento da empresa: Indústria

Quantidade de colaboradores impactados: 200.000

Categoria do caso de uso: TI e governança

Plataforma *low-code* utilizada: Watsonx

[16] <https://www.linkedin.com/in/mayconbatestin/>

6.1. Cenário inicial

Por muitos anos, abrir uma conta (seja para pessoa física ou jurídica) era difícil... você tinha que ir até uma agência bancária, tirar cópias físicas de documentos, enfrentar longas filas de atendimento e, após todo esse esforço, aguardar dias (ou meses!) para receber o número da conta e, finalmente, o cartão pelo correio.

Mas isso era antigamente...

Hoje temos **agentes de inteligência artificial**. Um sistema que veio para otimizar tempo, tarefas e nos deixar livres para sermos produtivos e eficazes.

6.2. A busca pela solução mais adequada

Claro que, se você está lendo este livro – e, especificamente, este capítulo –, já sabe que estamos falando de uma solução *low-code* (o título deixa isso bastante evidente). Ainda assim, é importante contextualizar, antes de tudo, o que é inteligência artificial e o que são agentes de inteligência artificial.

A inteligência artificial (IA) é um campo da ciência da computação dedicado à criação de sistemas capazes de simular a inteligência humana. Isso inclui habilidades como raciocínio lógico, aprendizado com experiências anteriores, reconhecimento de padrões, processamento de linguagem natural e tomada de decisões.

Dentro desse universo, surgem os agentes de inteligência artificial – entidades autônomas que utilizam IA para agir de forma proativa e inteligente em ambientes digitais. Eles são capazes de receber informações, interpretá-las, tomar decisões e executar ações com base em objetivos previamente definidos. Quando integrados a plataformas *low-code*, esses agentes se tornam ainda mais poderosos, permitindo que usuários sem conhecimento aprofundado em programação construam soluções inteligentes e automatizadas com rapidez e eficiência. Essa combinação contribui significativamente para a democratização do acesso à tecnologia e à inovação.

Foi justamente ao perceber esse potencial que surgiu a decisão de adotar essa abordagem como resposta a um problema recorrente no setor financeiro: a complexidade e a morosidade no processo de abertura de contas para pessoas jurídicas (PJ). A verificação de documentos, o cruzamento com bases de segurança nacional e a necessidade de recomendações objetivas para os gerentes tornavam o processo lento e suscetível a falhas humanas.

Para iniciar o projeto, o primeiro passo foi mapear todas as etapas de uma abertura de conta tradicional, a fim de identificar quais poderiam ser automatizadas sem comprometer a segurança e a conformidade regulatória. O foco era garantir uma transição fluida para a nova abordagem, com o menor impacto possível para os usuários finais.

Optamos, então, pelo Watsonx, o serviço de inteligência artificial da IBM que integra diferentes plataformas em uma única nuvem, oferecendo maior controle técnico e operacional. Com essa ferramenta, conseguimos rapidamente desenvolver um protótipo funcional, que foi apresentado às equipes envolvidas. Esse primeiro MVP (*Minimum Viable Product*) permitia que os agentes de IA processassem as informações enviadas pelos clientes, cruzassem os dados com bases regulatórias e gerassem recomendações para os gerentes de conta. Essa demonstração inicial ajudou a reduzir a resistência ao novo sistema, já que os colaboradores puderam visualizar, na prática, como o trabalho manual diminuiria e a precisão das análises aumentaria.

6.3. As primeiras dificuldades e resistências

Apesar do entusiasmo inicial gerado pelas demonstrações, a adoção prática da abordagem *low-code* enfrentou algumas barreiras. A equipe operacional estava acostumada a realizar as análises de forma manual, e muitos temiam que a nova tecnologia pudesse tornar seus papéis obsoletos. Havia o receio de que as decisões automatizadas dos agentes de IA fossem difíceis de contestar ou revisar, o que poderia comprometer a qualidade do atendimento ao cliente.

Por sua vez, a equipe técnica demonstrou ceticismo quanto à escalabilidade e à segurança da solução. A cultura de desenvolvimento tradicional presente na instituição levava muitos a acreditar que apenas um sistema totalmente desenvolvido internamente – e já em funcionamento há anos – seria capaz de garantir a robustez e a conformidade com os requisitos regulatórios. Além disso, a integração com sistemas legados apresentou desafios inesperados, uma vez que alguns bancos de dados internos não possuíam APIs modernas para se comunicar com a nova plataforma.

6.4. Superando as barreiras e ajustando o processo

Não se pode nadar contra a maré. Por isso, para superar essas dificuldades, adotamos uma abordagem baseada em capacitação contínua e ajustes progressivos. A existência de comparações com concorrentes do mercado também servia como estímulo adicional para nossa evolução. Assim, a estratégia definida foi criar um programa de treinamentos para a equipe operacional, no qual explicamos o funcionamento da IA, como as recomendações eram geradas e de que forma os analistas poderiam interagir com o sistema para validar ou ajustar decisões. Essa iniciativa ajudou a reforçar a ideia de que a tecnologia não substituiria os profissionais, mas, sim, otimizaria seu trabalho, eliminando tarefas repetitivas e permitindo que se concentrassem em análises mais estratégicas.

Do ponto de vista técnico, investimos na implementação de camadas adicionais de segurança e auditoria, garantindo que todas as recomendações geradas pela IA fossem rastreáveis e justificáveis. Além disso, ajustamos os fluxos dentro da plataforma *low-code* para incluir pontos de revisão humana, assegurando que o sistema funcionasse como um apoio à tomada de decisão, e não como um substituto completo do julgamento humano.

6.4.1. A coleta das primeiras impressões

Após a implementação inicial, passamos a monitorar de perto o uso da nova solução e a coletar *feedbacks* da equipe operacional. Os primeiros retornos foram variados: enquanto alguns colaboradores comemoraram a redução no tempo de análise, outros ainda estavam em processo de adaptação à nova forma de trabalhar.

No entanto, os resultados logo começaram a falar por si. Em menos de dois meses, conseguimos reduzir em 40% o tempo médio de abertura de contas para pessoas jurídicas (PJ). Os gerentes de conta passaram a receber recomendações mais precisas, e o número de casos que exigiam revisão manual diminuiu significativamente, permitindo que a equipe focasse em situações realmente críticas.

6.5. Processo de implantação

Não basta ter uma boa ideia – é preciso saber como tirá-la do papel. E foi exatamente isso que fizemos.

Depois das primeiras provas de conceito e dos testes com o MVP, sabíamos que estávamos diante de algo promissor. Mas, como em qualquer transformação profunda, o verdadeiro desafio começaria na hora de escalar a solução para toda a organização. Com mais de 200 mil colaboradores envolvidos direta ou indiretamente, não dava para simplesmente apertar um botão e esperar que tudo funcionasse. Era preciso ter método, cuidado e, acima de tudo, escuta ativa.

Por isso, começamos com um diagnóstico completo do processo tradicional de abertura de contas PJ. Conversamos com analistas, gerentes, técnicos de sistemas e até com quem cuidava da infraestrutura das agências. Mapeamos todas as etapas (da coleta de documentos até a aprovação final) e destacamos os pontos de maior dor: tarefas repetitivas, validações manuais, retrabalhos e tempos de espera injustificáveis.

Com a ajuda do Watsonx, conseguimos montar um agente de IA que lia os documentos enviados, fazia cruzamentos com bases regulatórias e gerava uma recomendação para os gerentes. Simples? Sim. E por isso mesmo poderoso.

No fim, aprendemos que implementar uma solução de IA em *low-code* vai muito além de escrever código. É sobre envolver pessoas, construir confiança e, acima de tudo, mostrar que a tecnologia pode – e deve – ser uma aliada da inteligência humana.

6.6. Resultados alcançados

6.6.1. Tangíveis e metrificáveis

Os números não mentem – e, neste caso, eles falam alto.

À medida que a solução foi sendo implantada em escala, os resultados começaram a se tornar cada vez mais visíveis e, o melhor, mensuráveis. O primeiro impacto veio de onde mais doía: o tempo. Antes, o processo de abertura de contas PJ podia levar dias (ou até semanas), entre idas e vindas de documentos, validações manuais e esperas burocráticas. Com a automação inteligente dos fluxos mais críticos, esse tempo caiu de forma drástica.

Em menos de dois meses após a adoção em larga escala, já havíamos reduzido em 40% o tempo médio de abertura de contas. Isso significava que os gerentes conseguiam atender a mais empresas com mais agilidade e precisão – e o cliente percebia o ganho logo no primeiro contato.

Mas não foi só o tempo que melhorou. A otimização dos processos também impactou diretamente nos custos operacionais. Com menos retrabalho, menos falhas humanas e menor necessidade de revisão manual, conseguimos realocar equipes para funções mais estratégicas, reduzir gastos com processos redundantes e minimizar a dependência de sistemas antigos e onerosos. A estimativa é que, no primeiro ano completo de operação, a economia ultrapassou a casa dos milhões em custos operacionais evitados – uma conquista celebrada por todas as áreas envolvidas.

E o efeito foi ainda além: com uma experiência mais fluida e moderna, o número de novos clientes PJ cresceu de maneira expressiva. Afinal, quem está abrindo um negócio quer agilidade, simplicidade e segurança. E agora, com um processo mais inteligente e rápido, conseguimos oferecer exatamente isso. O novo fluxo, potencializado por agentes de IA e pela plataforma Watsonx, transformou a abertura de contas de uma dor em uma vantagem competitiva.

O ciclo se completava: mais agilidade gerava mais confiança; mais confiança gerava mais clientes; mais clientes exigiam mais eficiência – e agora estávamos preparados para entregar isso.

6.7. Aprendizados e boas práticas

A maior lição? A mudança não é algo simples. E não adianta tentar vestir a ideia de um conto de fadas. A realidade é mais do que lógica, é sobre pessoas. O *low-code*, com sua promessa de agilidade, não é uma mágica instantânea, mas uma ferramenta de construção gradual. Durante a jornada, aprendemos que, para que a tecnologia seja abraçada, ela precisa ser entendida e personalizada para as necessidades reais da equipe. Não há espaço para atalhos.

Aprendemos também que, quando se aposta na colaboração constante, os resultados são exponenciais. E que, ao apresentar soluções, é preciso deixar claro que elas não são uma ameaça, mas uma forma de empoderar os profissionais, dando-lhes mais autonomia e menos trabalho repetitivo.

No fim das contas, a adoção do *low-code* foi como um bom livro: começou com uma dúvida, passou por desafios e terminou com um novo capítulo escrito com sucesso. Quem diria que a tecnologia não só salvaria tempo, mas também ajudaria a transformar a maneira de pensar de todos dentro da organização? O futuro chegou, e não foi de um jeito grandioso e complicado, mas com algo simples e funcional.

6.8. Sobre o autor

Maycon Cypriano Batestin é *Chapter Leader* da *Technical Community* da IBM Brasil, onde atua promovendo a troca de conhecimento e o fortalecimento da comunidade técnica dentro da empresa. Reconhecido por sua excelência em inovação, foi premiado pela comunidade da *Digital Innovation One* (DIO) pelo melhor projeto *tech*, destacando-se pelo impacto e pela relevância de sua solução. Além disso, é autor colaborativo do livro *Jornadas Métricas*, contribuindo com *insights* valiosos sobre métricas e boas práticas na área de tecnologia. Com uma carreira marcada pela disseminação do conhecimento e pelo engajamento na comunidade, Maycon segue impulsionando o desenvolvimento de profissionais e projetos inovadores no setor.

6.8.1. Papel na aplicação do *case*

Responsável pela Análise de Negócio, liderando as definições técnicas, as validações de segurança e o desenho dos fluxos automatizados.

7

Do caos à gestão inteligente: o poder do *low-code* na gestão de crises

Raphael Vicente Villar[17]

Período de acompanhamento:	De 07/2024 a 04/2025
Segmento da empresa:	Telecomunicações
Quantidade de colaboradores impactados:	10.000
Categoria do caso de uso:	TI e governança
Plataforma low-code utilizada:	Power Apps

[17] <https://www.linkedin.com/in/raphaelvicentevillar>

7.1. Cenário inicial

A operação de gestão de crises enfrentava desafios clássicos de ambientes de alta pressão: falta de visibilidade em tempo real, *post mortem* desestruturado e sem linha do tempo, comunicação desalinhada entre as áreas técnicas e informações imprecisas chegando aos executivos.

Em um cenário onde cada minuto conta, o excesso de controles manuais, planilhas dispersas e a ausência de um fluxo único de gestão dificultavam a tomada de decisão e aumentavam os riscos durante crises críticas.

Diante desse contexto, nasceu a necessidade de uma solução de rápida implementação, baixo custo e que pudesse ser facilmente adaptada à rotina da operação. O caminho escolhido foi o uso da plataforma *low-code* da Microsoft, combinando Power Apps e Power Automate, para transformar a gestão de crise e criar uma experiência mais estruturada, automatizada e confiável.

A escolha por uma solução *low-code* se deu por motivações reais: o orçamento do ano já estava fechado, sem margem para novos investimentos. Além disso, a ausência de licenças "Pro" trouxe desafios adicionais, exigindo negociação interna para viabilizar o uso da ferramenta sem gerar custos extras. O senso de urgência e a parceria entre os times foram decisivos para superar esse obstáculo.

7.2. A busca pela solução mais adequada

7.2.1. Do caos ao controle: como o *low-code* virou protagonista em um ambiente de crise

Toda crise nasce de um problema. Mas a nossa crise era a própria gestão da crise.

No dia a dia de uma operação de tecnologia, especialmente quando falamos de grandes empresas, lidar com incidentes graves faz parte do jogo. Mas existia um padrão que sempre se repetia:

- A falha acontecia.
- O time se mobilizava.
- As informações se perdiam no meio do caminho.

No calor do momento, era planilha de um lado, *print* de outro, grupo de WhatsApp fervendo, telefonema, anotação em caderno... e quando tudo acabava, sobrava a pergunta que ninguém queria responder: "o que aconteceu de verdade?".

Faltava controle, faltava histórico, faltava clareza. E, principalmente, sobrava tempo perdido juntando os pedaços.

7.2.2. A virada de chave

Foi nesse cenário que veio a ideia: e se a gente conseguisse automatizar esse processo?

Nada muito complexo. Nada que dependesse de meses de desenvolvimento. Algo simples, direto e que funcionasse na prática.

Diante da urgência, buscamos uma alternativa simples, ágil e que pudéssemos adaptar nossa maneira com autonomia.

A resposta estava dentro de casa: Power Apps e Power Automate.

Apesar da simplicidade buscada, encontramos desafios por desenvolver tudo internamente, sem apoio de consultorias externas. A ausência de testes estruturados e a incerteza quanto à estabilidade inicial foram pontos monitorados de perto. Algumas falhas nos primeiros usos geraram desconfiança entre os *stakeholders*.

7.3. Processo de implantação

7.3.1. Mão na massa, direto da operação

Sem grandes projetos, sem apresentações infinitas, sem pedidos de orçamento. A construção começou pequena, no nível gerencial mesmo. Nós mapeamos o fluxo ideal, definimos o que realmente importava e começamos a desenhar o *app*.

Tudo muito próximo do time que vivia a crise na prática. O aplicativo guiava o analista durante a falha, registrava cada passo, criava uma *timeline* automática e já disparava as principais informações para os executivos em tempo real.

Simples assim.

7.4. As primeiras dificuldades e resistências

E os desafios? Claro que apareceram.

O primeiro foi o olhar desconfiado do time: "mais uma ferramenta pra usar no meio do caos?"

Mas o segredo foi envolver todo mundo desde o começo. Pedir opinião, testar junto, ajustar rápido. Aos poucos, o que parecia um peso virou ajuda. O *app* deixava tudo mais organizado, ninguém precisava mais correr atrás de *prints* ou lembrar de cabeça os horários.

Outro desafio foi cultural: sair das planilhas e anotações soltas para um modelo mais estruturado. Toda mudança gera incômodo. Mas quando os benefícios aparecem rápido a resistência diminui.

O impacto na prática e os resultados falaram por si:

- Informações padronizadas chegando rápido na diretoria.
- *Timeline* automática pronta assim que a crise terminava.
- Redução do tempo perdido com controles paralelos.
- Equipe mais focada em resolver o problema do que em reportá-lo.

O *app* deixou de ser "um teste" e virou parte do processo oficial.

Durante a implantação, também cometemos erros na comunicação com algumas áreas. A divulgação inicial gerou dúvidas e desconfiança sobre o propósito da solução – muitos temiam exposição excessiva ou achavam que a ferramenta serviria para apontar culpados. Foi preciso reforçar o papel da tecnologia como parceira, e não como mecanismo de controle. Essa desconfiança foi mudando quando conseguimos mostrar que estávamos em busca da cultura do aprendizado.

7.5. Resultados alcançados

7.5.1. Tangíveis e metrificáveis

A mudança foi visível já nos primeiros dois meses. A abertura de sala, que antes era desorganizada e sem controle, passou a acontecer dentro do esperado: 98% das aberturas ficaram dentro do SLA de 5 minutos.

Também conseguimos reduzir em média 35% do TMR (Tempo Médio de Resposta), um reflexo direto da agilidade na comunicação, no acionamento e no foco da equipe.

Começamos a acompanhar tudo de forma mais estruturada, com integração no Power BI, o que nos permitiu criar uma visão mensal das crises e entender melhor padrões e impactos.

E o que antes era um trabalho solto, sem registro, virou histórico. Com isso, passamos a gerar uma *newsletter* mensal mostrando quantas pessoas foram acionadas, quais times foram mais impactados e como estamos evoluindo.

Tudo isso usando o que já tínhamos disponível: Power Apps, Power Automate e Power BI – simples, direto e dentro de casa.

7.5.2. Intangíveis

O que antes era bagunça virou processo. O que era manual virou automático. O que era dúvida virou clareza.

Hoje, cada crise tem começo, meio e fim registrados de forma simples e rápida. A informação chega certa, no tempo certo, para quem precisa decidir rápido.

Ganhamos tempo. Ganhamos controle. Ganhamos qualidade.

Reduzimos o esforço manual, eliminamos planilhas paralelas, melhoramos a comunicação com a liderança e, principalmente, deixamos o time livre para fazer o que realmente importa: resolver o problema.

No final, o maior resultado foi esse: menos caos, mais gestão.

7.6. Aprendizados e boas práticas

O que a gente aprendeu?

- Dá para fazer muito com pouco.
- *Low-code* não é solução de "remendo", é ferramenta de agilidade.
- Resultado convence mais do que promessa.
- Tecnologia boa é a que resolve um problema real.
- Solução simples resolve problema real.
- Envolver o time desde o início faz toda diferença.

- Resultado rápido derruba resistência.
- *Low-code* é agilidade com autonomia.
- Transformar não é sobre tecnologia, é sobre pessoas.

No final das contas, não foi sobre *app*, nem sobre ferramenta. Foi sobre gente. Sobre entender a dor de quem vive o problema e construir junto uma forma mais simples, ágil e inteligente de trabalhar.

7.7. Sobre o autor

Raphael Vicente Villar é profissional com mais de 20 anos de experiência na área de tecnologia, com carreira construída em Gestão Operacional, Gestão de Projetos e Processos. Atualmente lidera operações estratégicas na TIM Brasil, sendo responsável pela gestão de crises, pelo atendimento de reclamações B2C e pelo relacionamento com clientes B2B.

Sua trajetória é marcada por construção de processos, gestão de times, liderança de projetos e desenvolvimento de operações de alta complexidade, sempre com foco em performance, melhoria contínua e experiência do cliente.

Apaixonado por tecnologia, pessoas e gestão, acredita que os resultados mais consistentes nascem do equilíbrio entre processos bem desenhados, times preparados e cultura orientada à execução.

7.7.1. Papel na aplicação do *case*

Responsável pela Gestão e Liderança.

JORNADA
COLABORATIVA

8

Como agentes de IA e automação com *no-code*/ *low-code* transformaram a prevenção à fraude

Ric Neves[18]

Período de acompanhamento: De 05/2024 a 04/2025

Segmento da empresa: Indústria de prevenção à fraude e segurança digital

Quantidade de colaboradores impactados: 250

Categoria do caso de uso: Automação e eficiência operacional

Plataforma *low-code* utilizada: N8N e Amazon Bedrock

---

[18] <https://www.linkedin.com/in/ricnvs>

8.1. Cenário inicial

Quando assumi a missão de transformar a operação de prevenção à fraude na CAF, enfrentávamos uma realidade paradoxal: apesar de sermos uma empresa referência em tecnologia e combate à fraude, nossos fluxos internos ainda eram excessivamente manuais e burocráticos.

Os processos eram lineares, dependentes de análises humanas em grande escala e com pouca flexibilidade para adaptação rápida às novas tentativas de fraude, que surgiam diariamente com mais sofisticação – muitas delas já utilizando IA generativa para burlar nossos sistemas, como *deep fake*, por exemplo.

O time, altamente qualificado, se via sobrecarregado com atividades operacionais, como a coleta manual de dados de risco, análise repetitiva de padrões e geração de relatórios que consumiam horas de esforço diário.

Estávamos travados em um modelo onde o crescimento da operação significava, inevitavelmente, o aumento proporcional de custos e de pessoal.

Sabíamos que, para mudar esse jogo, seria preciso revolucionar a maneira como operávamos, e não apenas evoluir incrementalmente.

Nosso percentual de automação em análise de documentos (que chamamos de documentoscopia) era de 45%.

8.2. A busca pela solução mais adequada

Com esse diagnóstico em mãos, comecei uma busca estruturada por soluções que nos permitissem alcançar escala, eficiência e inteligência operacional, sem comprometer a segurança e a governança dos processos – afinal, somos uma empresa de prevenção à fraude e em hipótese nenhuma podemos comprometer dados e segurança cibernética.

O caminho se revelou claro: seria preciso combinar a agilidade das plataformas *low-code* com o poder de agentes de IA autônomos, capazes não só de executar tarefas, mas também de tomar decisões contextuais e aprender com o ambiente.

Escolhemos o N8N como a nossa plataforma central de orquestração. Seu caráter *open source*, sua flexibilidade e sua facilidade de integração com APIs e sistemas legados foram determinantes.

Ao mesmo tempo, para impulsionar a camada de inteligência, passamos a explorar os modelos disponíveis no Amazon Bedrock, que nos permitiram acessar, de maneira segura e escalável, modelos fundacionais de IA para diversas tarefas: geração de textos, classificação, análise semântica e muito mais com todos os *guardrails* necessários, como ingestão de *prompts* maliciosos, segurança de acesso a dados e tudo o mais.

A combinação entre N8N e Amazon Bedrock formaria o núcleo da arquitetura de agentes de IA que iríamos construir e escalar.

8.2.1. As primeiras dificuldades e resistências

Como em toda transformação profunda, as resistências surgiram.

A primeira e mais previsível foi a cultural: o medo de que a automação e os agentes de IA substituíssem pessoas. Tive que conduzir várias conversas difíceis, reforçando que o nosso objetivo era potencializar o trabalho humano, e não o eliminar.

Outro desafio foi a visão tradicional da área de tecnologia: acostumada com ciclos longos, requisitos detalhados e desenvolvimentos complexos, houve resistência em aceitar que fluxos críticos pudessem ser automatizados de maneira "visual" e *low-code.*

Além disso, integrar fluxos complexos que combinavam processamento determinístico com modelos de IA probabilísticos exigiu que criássemos novas práticas de governança, para garantir segurança, rastreabilidade e *compliance*, especialmente em um setor tão sensível quanto o de prevenção à fraude.

8.2.2. Superando as barreiras e ajustando o processo

Decidimos adotar uma estratégia gradual e incremental.

Começamos com automações simples e de baixo risco: fluxos que coletavam dados públicos de fontes conhecidas, como listas de IPs maliciosos.

- **Antes:** atividade demandava cerca de três horas diárias de trabalho manual.
- **Depois:** criamos um agente no N8N que fazia a coleta e a atualização automaticamente a cada 15 minutos, eliminando o esforço humano e garantindo mais precisão.

Esse primeiro sucesso serviu como prova de conceito para a organização e nos deu confiança para avançar.

Figura 8.1. Arquitetura de automação de resposta a alertas cibernéticos com N8N e IA generativa. Fonte: o autor.

Em seguida, estruturamos um *framework* interno para a criação e a implantação de novos agentes, combinando:

- Orquestração com N8N.
- Modelos de linguagem via Amazon Bedrock para tarefas como análise de riscos e geração automática de relatórios.
- Integração com ferramentas de monitoramento e sistemas legados.
- Processos robustos de *logs*, rastreabilidade e *compliance*.

Criamos agentes especializados, como:

- Triagem automática de alertas de *deep fake* via Slack, priorizando casos de maior risco.
- Agentes de análise de documentos, elevando a automação do processo de documentoscopia.

- Análise contextual via LangChain e RAG (*Retrieval-Augmented Generation*), enriquecendo decisões com informações externas e internas.
- Geração automática de relatórios técnicos com IA generativa.

Cada agente implementado era acompanhado de *workshops* internos para mostrar ao time o funcionamento do fluxo, reforçando a ideia de que a tecnologia estava ali para ampliar capacidades e não para eliminar funções.

8.3. Processo de implantação

O processo de implantação seguiu algumas etapas críticas:

1. **Levantamento e priorização dos fluxos mais repetitivos:** começamos pelas "dores" mais óbvias, visando ao retorno imediato sobre a automação.
2. **Desenho dos fluxos no N8N**, com prototipação rápida, validação funcional e segurança reforçada.
3. **Integração com Amazon Bedrock:** configuramos fluxos do N8N que enviavam *prompts* para modelos de IA na AWS, recebendo de volta análises e relatórios que eram automaticamente processados e distribuídos.
4. **Validação e auditoria:** criamos *checkpoints* de segurança e qualidade, garantindo que as decisões automatizadas estivessem alinhadas com nossa política de *compliance* e gestão de riscos.
5. **Escalonamento e monitoramento:** após o sucesso dos primeiros fluxos, expandimos para outras áreas, com agentes atuando desde a coleta e análise até a comunicação com equipes e o acionamento de sistemas externos.

8.4. Resultados alcançados

8.4.1. Tangíveis e metrificáveis

- Redução de 85% no tempo médio de triagem de alertas – de horas para minutos.
- Economia de mais de 2.400 horas/homens por trimestre.
- Aumento de 70% na precisão das detecções, graças à integração de análises via RAG e IA generativa.

- Mais de 50 fluxos automatizados implantados, com impacto direto na eficiência e na segurança da operação.
- Redução de 30% no tempo de integração com novos sistemas e parceiros.
- Criação de uma rede de agentes inteligentes operando 24x7 com autonomia, escalabilidade e governança.
- Automação do processo de análise de documentos (documentoscopia) de 45% para 80%.

Além dos ganhos operacionais, promovemos uma transformação cultural: passamos de uma equipe reativa para uma organização proativa, orientada a dados e automação.

8.5. Aprendizados e boas práticas

- **Automação é estratégia:** mais do que eficiência, ela define a capacidade competitiva frente à evolução das ameaças.
- ***No-code* e *low-code* democratizam a inovação:** diferentes áreas puderam criar e testar fluxos com agilidade.
- **Agentes de IA são o novo padrão operacional:** atuam com autonomia, interpretam contexto e aprendem com *feedbacks.*
- **Governança é indispensável:** segurança, rastreabilidade e *compliance* foram pilares fundamentais para a sustentabilidade da transformação.
- **Cultura é chave:** sem o engajamento das pessoas, nenhuma transformação tecnológica se sustenta.

8.6. Sobre o autor

Ric Neves é referência em transformação organizacional (digital e ágil) com automação *no-code* e *low-code,* e agentes de IA.

Premiado duas vezes no Agile Trends, em 2022 e 2025, com *cases* de transformação com automações e aumento de eficiência operacional.

Liderou iniciativas de grande impacto no setor de prevenção à fraude e seguros, com atuação estratégica em organizações que movimentam milhões de transações diariamente.

É fundador da Synthrop.AI (<https://synthrop.ai/>), empresa referência em transformação digital com IA e automação e academia de ensino sobre IA generativa, automações e agentes de IA.

Fundador de uma das maiores comunidades de agentes de IA com N8N do Brasil, impulsiona o desenvolvimento de profissionais e a inovação em projetos de automação, IA e eficiência operacional.

Criador da maior formação de agentes de IA com N8N (<https://www.agentes-n8n.com.br/>), com mais de 500 pessoas, e mentor com mais 10.000 pessoas impactadas nos últimos cinco anos.

8.6.1. Papel na aplicação do *case*

Head of GenAI & Automation, responsável pela Análise de Negócio, liderando as definições técnicas, as validações de segurança e o desenho dos fluxos automatizados com um time de engenheiros de IA sênior em que todos possuem PhD e são referências técnicas no mercado mundial.

9

Agilidade e precisão sem codificação

Alexandro Strack[19]

Período de acompanhamento:	De 01/2014 a 12/2016
Segmento da empresa:	Logística
Quantidade de colaboradores impactados:	Mais de 1.000, sendo 20 na estrutura de TI
Categoria do caso de uso:	TI e governança
Plataforma *low-code* utilizada:	OutSystems

[19] <https://www.linkedin.com/in/alexandrostrack/>.

9.1. Cenário inicial

O cenário era a existência de sistemas legados com muita dificuldade de manutenção, seja pela questão da codificação e da ausência de boa documentação como pela falta de profissionais com a devida qualificação. Somado a esse cenário, ainda existia o problema de inovação na digitalização do negócio e o tradicional *backlog* da área de tecnologia da empresa.

9.2. A busca pela solução mais adequada

A virada de chave aconteceu por uma combinação de fatores. A sugestão de um amigo que já utilizava a plataforma OutSystems para modernizar sistemas legados despertou o interesse. Essa referência externa, vinda de um amigo próximo, somou-se à própria experiência técnica da liderança, com *background* em linguagens de quarta geração[20], como o SQLWindows[21], e possuía domínio e fluência em ambientes de desenvolvimento visual e produtivo.

A identificação de semelhanças conceituais entre as antigas ferramentas 4GL e as modernas plataformas *low-code* trouxe segurança para avançar com a proposta. A solução prometia entregar velocidade, padronização e escalabilidade, sem renunciar ao controle da lógica estruturada que a equipe técnica valorizava. Era o tipo de solução que permitiria a adoção de práticas modernas de inovação (método *Lean Startup* através de MVPs) e ao mesmo tempo trazia a robustez adequada para a criação de produtos digitais de maneira ágil.

[20] Linguagens ou ferramentas 4GL, voltadas para a produtividade.

[21] Exemplo clássico de ferramenta 4GL, usada em desenvolvimento visual para aplicações Windows.

9.3. Processo de implantação

Com a escolha da plataforma definida, o foco passou a ser na construção de uma nova dinâmica organizacional. A combinação entre a adoção do *low-code* e a implantação de uma metodologia ágil[22] permitia liberar o potencial de inovação digital dentro da empresa, mas era necessário preparar a equipe técnica e os executivos de negócio para a mudança a ser implementada.

Sendo assim, a transformação exigida pela modernização não era apenas tecnológica, mas também cultural. A proposta de adoção do *low-code* representava uma mudança de paradigma que confrontava tanto a zona de conforto da equipe técnica quanto o ceticismo da liderança executiva. De um lado, desenvolvedores tradicionais se sentiam ameaçados por uma plataforma que prometia abstrair a complexidade do código. De outro, os executivos se mostravam reticentes em substituir sistemas legados que, apesar de antigos, ainda entregavam funcionalidade.

Para romper esse impasse, a estratégia foi clara: mostrar, não apenas convencer. Realizamos uma Prova de Conceito (POC) impactante em apenas cinco dias úteis. Nesse período, um único especialista em OutSystems reconstruiu as principais funcionalidades de um sistema legado crítico, entregando um *app web* funcional e responsivo, adaptado para *desktop, tablet* e *smartphone*.

A entrega surpreendeu pela rapidez e qualidade, convencendo imediatamente os executivos da viabilidade da nova abordagem.

Após o treinamento da área de TI em Outsystems e no modelo ágil de evolução contínua pautado no *Lean Startup*, foi criado um método que passaria a ser aplicado nas iniciativas inovadoras de modernização da empresa. Ele estava ancorado em uma *sprint* de uma semana com o objetivo prático de, ao final desse período, contar com uma solução MVP a ser aplicada na área de negócio cujo problema estava sendo resolvido. Dessa maneira, a TI passou a atuar de forma mais próxima das áreas de negócio, trazendo soluções aplicadas e adotando um *mindset* de aprendizado contínuo e entrega rápida.

A mudança efetiva começou com a formação de uma equipe pioneira, responsável por implementar as primeiras soluções e replicar o conhecimento para os demais membros da equipe, promovendo adesão progressiva e segura ao novo modelo.

Do ponto de vista técnico, a implantação incluiu:

---

[22] Metodologia que prioriza entregas rápidas, adaptação e colaboração constante.

- integrações com bancos de dados SQL Server, APIs de seguradoras e sistemas dos clientes;
- desenvolvimento 100% na plataforma *low-code* OutSystems, sem a necessidade de código externo.

Essa combinação de demonstração prática, capacitação direcionada e uso inteligente de recursos técnicos foi essencial para transformar resistência em protagonismo e posicionar a TI como um parceiro estratégico da inovação. A TI saiu de uma área estagnada e esgotada por um amplo *backlog* para entregar soluções digitais alinhadas às necessidades de negócio e com um ciclo de evolução gerido diretamente pela área de negócio (o PO era um membro da área de negócio).

9.4. Resultados alcançados

9.4.1. Tangíveis e metrificáveis

A adoção da plataforma *low-code*, aliada à aplicação de metodologias ágeis, trouxe benefícios concretos para a organização. Entre os resultados mensuráveis, destacam-se:

- **Diminuição de controles paralelos:** a redução do uso de planilhas e sistemas informais melhorou a rastreabilidade e a padronização dos processos.
- **Descomissionamento de sistemas legados:** aplicações obsoletas foram substituídas por soluções mais modernas, mantendo a funcionalidade e aumentando a escalabilidade.
- **Melhoria em indicadores de negócio:** algumas áreas relataram evolução clara em seus indicadores operacionais, refletindo o impacto direto das novas soluções digitais.
- **Criação de *squads*[23] com foco em produto:** equipes multidisciplinares foram estruturadas para atender a demandas contínuas, reduzindo o tempo de entrega de soluções.
- **Formação de um comitê de governança:** inclusão de líderes de negócio e do CEO na definição de prioridades, o que aumentou o alinhamento estratégico.

[23] Times multidisciplinares e autogerenciáveis, inspirados no modelo ágil de desenvolvimento de software.

9.4.2. Intangíveis

Além dos resultados mensuráveis, o projeto gerou impactos profundos na cultura e na forma de atuação da organização, especialmente:

- **Aproximação entre TI e áreas de negócio:** a colaboração entre times técnicos e operacionais se intensificou, com foco em soluções aplicadas e sustentáveis.
- **Mudança de mindset organizacional:** a cultura de desenvolvimento passou de uma lógica de projetos pontuais para uma abordagem contínua de produtos digitais, com foco em entrega de valor incremental.
- **Fortalecimento da cultura ágil e de aprendizado rápido:** a adoção de métodos ágeis fortaleceu a capacidade de adaptação, testes e evolução contínua de soluções.
- **Participação ativa dos *Product Owners* (POs)[24]:** sempre oriundos das áreas de negócio, passaram a exercer protagonismo no direcionamento e na priorização de demandas.
- **Geração de demanda além da capacidade técnica atual:** o sucesso das primeiras entregas aumentou o apetite da organização por inovação, evidenciando a necessidade futura de escalar o modelo com *citizen developers*[25] – uma nova etapa já em análise.

9.5. Aprendizados

A jornada de transformação digital vivida pela organização evidenciou um ponto fundamental: inovação com agilidade exige a capacidade de criar produtos digitais de forma contínua. Em um cenário onde todos os negócios são, de alguma forma, digitais, não basta aplicar metodologias ágeis – é necessário contar com ferramentas adequadas e times preparados para pensar e agir de forma diferente.

Um dos maiores aprendizados foi compreender que soluções desenvolvidas com plataformas *low-code* podem ser tão robustas e escaláveis quanto as tradicionais. O desafio maior, na verdade, está em mudar o *mindset*: superar a resistência inicial e reconhecer que menos código pode significar mais foco no problema, mais proximidade com o negócio e mais velocidade na entrega de valor.

[24] Representante da área de negócio que prioriza e orienta o desenvolvimento dos produtos.

[25] Conceito moderno de usuários de negócio capacitados para desenvolver soluções sob supervisão da TI.

A experiência também demonstrou que o *low-code* não é apenas uma tecnologia: é um catalisador para aprender rápido, errar com segurança e evoluir constantemente.

Quando combinado a uma cultura de produto, protagonismo das áreas de negócio e um ambiente de confiança mútua, ele se torna uma ferramenta poderosa de inovação sustentável.

Em resumo, este *case* reafirma que:

- não há transformação digital sem mudança cultural;
- não há inovação sem aceitar o risco dos erros;
- não há escalabilidade sem a desmaterialização do problema físico em uma solução digital (software);
- e não há futuro sem acelerar a entrega de soluções digitais.

O *low-code* foi o caminho escolhido e se mostrou uma solução estratégica que desbloqueou o potencial da organização rumo a um novo ciclo de crescimento digital.

9.6. Sobre o autor

Alexandro Strack iniciou no mundo da tecnologia na adolescência, quando aprendeu a programar em um CP500. Formou-se em Matemática e tem MBA em Gestão de Negócios.

A carreira começa como programador até o momento em que decide virar executivo e se dedicar à área de gestão.

Como CIO, são mais de 20 anos em uma carreira de mais de 30 anos. Segue liderando áreas de TI em multinacionais com passagem por diversos segmentos e em diversos países.

Foi cofundador da comunidade BeNo-coder, que, durante os anos de 2019 e 2021, impulsionou o movimento *no-code* no Brasil.

9.6.1. Papel na aplicação do *case*

Atuou como Gestão e Liderança, sendo responsável pela mediação entre as áreas técnicas e de negócio, pela estruturação dos requisitos, pela definição de indicadores e pelo apoio na implantação de práticas de governança.

JORNADA
COLABORATIVA

10

Destravando resultados de alto impacto nas áreas de negócio

Fábio Portela[26]

Período de acompanhamento:	De 08/2023 a 08/2024
Segmento da empresa:	Telecomunicações
Quantidade de colaboradores impactados:	60 diretos e mais de 1.000 prestadores indiretos
Categoria do caso de uso:	Automação de processos e *workflows*
Plataforma *low-code* utilizada:	Power Platform (Power Apps, Power Automate, SharePoint, Connector Pro e Power BI)

[26] <https://www.linkedin.com/in/fabio-portela/>.

10.1. Cenário inicial

Nossa empresa foi contratada a fim de realizar uma consultoria para otimização dos processos de operação, atendimento e logística, com duração de quatro meses. Nosso time era composto por seis integrantes e eu era o gerente responsável pela entrega. O escopo envolvia documentar os processos existentes e identificar oportunidades de melhorias visando eficiência financeira, mitigação de riscos e redução de tempo de entrega.

Identificamos cerca de 40 oportunidades de melhoria que variavam desde ajustes simples na execução de algumas atividades até a implantação de sistemas corporativos complexos. Para facilitar a priorização, classificamos essas oportunidades em três categorias: melhoria na execução de atividades dos processos, implantação de ferramentas corporativas e implantação de ferramentas leves, para apoiar alguma atividade ou subprocesso.

Uma dessas oportunidades era relacionada ao processo de aceitação regulatória (pela Anatel) das entregas da empresa – passo fundamental para o atingimento dos seus objetivos estratégicos. Nosso cliente era uma empresa de serviços em telecomunicações responsável pela implantação de equipamentos em estações de satélite. Todas as equipes de campo espalhadas pelo Brasil reportavam suas atividades através do preenchimento de planilhas e disponibilização de registros fotográficos em pastas compartilhadas. Para atender à exigência regulatória, era necessário que toda essa informação fosse organizada em formato de relatórios que possuíssem informações como o local atendido, ou motivo do não atendimento, necessidade regulatória do atendimento, fotos do equipamento instalado, dentre outras.

As informações estavam espalhadas em cerca de mil planilhas e mais de 80 mil imagens e arquivos PDF com o histórico do trabalho feito pelas equipes de campo. O desafio era organizar todo esse material para comprovar aos órgãos reguladores que o trabalho havia sido desenvolvido. Como os dados estavam no ecossistema Microsoft e a empresa já possuía licenças do Office 365, decidimos utilizar a Power Platform para desenvolver uma solução *low-code* sem custo adicional de licenciamento.

10.2. A busca pela solução mais adequada

O caminho usual seria que a área de operações, em conjunto com o escritório de projetos, priorizasse a demanda para que a área de tecnologia desenvolvesse a solução. Nesse mesmo momento, a TI estava sobrecarregada com projetos corporativos complexos (como implantação de ferramentas CRM e ERP), o que exigia uma alternativa rápida e independente.

Assim, vimos uma oportunidade de fortalecer nossa parceria e de incentivar o uso de uma solução que desse autonomia à área demandante em relação à TI. Por isso, utilizar ferramentas *low-code/no-code* se mostrou o caminho viável para desenhar uma proposta de solução. Utilizamos o *framework* proposto pelo PMI (2021) para analisar a complexidade técnica x risco e confirmamos que o caminho era viável.

O segundo passo foi escolher a ferramenta. Para tomar essa decisão, analisamos seis dimensões e optamos pela Power Platform da Microsoft. O racional da análise está resumido a seguir:

- **Custo de licenciamento:** nenhum, pois já estava incluído no pacote corporativo.
- ***Expertise* da equipe usuária:** baixa. Apesar de não conhecer a ferramenta de automação, já utilizava e ferramentas Microsoft.
- ***Expertise* da equipe Logicalis (desenvolvedor):** alta. Por sermos parceiros Microsoft e Kumulus, possuíamos equipe com grande *expertise* na solução.
- **Integração com fontes dos dados:** alta. Os dados estavam em ferramentas Microsoft, o que facilitava a integração.
- ***Compliance* com as políticas de TI:** alta. Seguia as mesmas regras do Office 365, que já existia como ferramenta corporativa.

O terceiro passo foi a definição da arquitetura. O Power Automate era ideal para automatizar os fluxos de inclusão e consolidação, o Sharepoint para armazenar os dados através de listas e pastas e o Power BI para visualizar as informações. O Power Automate seria configurado para ler todos os dados estruturados em planilhas e consolidar numa base única em formato de lista SharePoint. Essa base alimentaria dois caminhos: um *dashboard* gerencial em Power BI e a automação para geração de relatórios populados com a informação da base e os dados não estruturados (imagens). Para a geração de relatórios seria utilizado o Power Automate e um Conector Pro para fazer o PDF. É importante salientar que a arquitetura foi sendo refinada ao longo do processo de implantação. Posteriormente, identificamos a necessidade de construir um *front-end* para acesso aos dados da base e aos relatórios. Escolhemos, então, o Power Apps para realizar essa função.

10.3. Processo de implantação

Neste projeto, enfrentamos algumas dificuldades que são comuns a projetos de *low-code/no-code*:

- Desconfiança sobre a solução.
- Falta de qualidade e governança dos dados.
- Mudanças constantes de requisitos e de prioridade.
- Indefinição de pontos críticos.

Neste capítulo iremos contextualizar cada um desses pontos e como endereçamos cada um deles.

10.3.1. Desconfiança sobre a solução

A necessidade de melhoria estava mapeada e os benefícios da sua resolução bem claros. A nossa proposta de solução estava desenhada, mas ainda faltava convencer o cliente de que essa nova abordagem seria o melhor caminho. Primeiramente, explicamos os benefícios da velocidade, o *compliance* com políticas e o baixo custo. Mas ainda pairavam incertezas sobre se a nova tecnologia atenderia. Decidimos realizar uma prova de conceito para que a alta gestão visse a solução funcionando e verificasse se os resultados atenderiam aos objetivos. Esse piloto também serviu para que a equipe operacional constatasse que a usabilidade seria simples e próxima das ferramentas que já utilizavam.

Desenvolvemos uma automação simples para organizar um *subset* dos dados em uma pequena base unificada e que criasse um relatório com alguns poucos dados, como nome da empresa, endereço e data de atendimento. Após duas semanas, tivemos o aceite para seguir. Formamos uma equipe composta por um PO, uma agilista, um analista de processos e um desenvolvedor de Power Platform. Começamos criando um cronograma macro de *releases* e um *backlog* inicial, e definimos os ritos ágeis (*sprint planning, daily, review* etc.). A TI nos apoiou com *setup* de ambiente, *logins* e criação de instância espelho.

10.3.2. Falta de qualidade e governança dos dados

Ao iniciarmos o tratamento da totalidade dos dados, identificamos a existência de inconsistências nos dados – planilhas fora do padrão, dados conflitantes e campos incorretos. O primeiro passo foi mapear todos os campos existentes nos diferentes modelos de planilha e desenvolver uma versão final que consolidaria todos os campos necessários. Os dados foram importados das planilhas-fonte seguindo um "de/para" desse modelo.

Mesmo com os campos padronizados, identificamos dados conflitantes, como, por exemplo, datas em campos de texto, nomes de empresas em campo que deveria ser nome de cidade etc. Para resolver isso e acelerar o processo, utilizamos o *low-code*. Criamos testes de consistência, por exemplo, para identificar campos vazios, nome de cidade em campo errado, nome de empresa em campo errado etc. Implementamos a automação desses testes através do Power Automate, que pôde fazer substituições automaticamente na base ou indicar para um humano tomar a decisão. Ao rodar a automação, identificamos que existiam pendências em cerca de 10% dos registros.

O desenvolvimento da solução principal para consolidação das bases de dados levou poucas semanas. O tratamento das inconsistências nos dados ainda continuou nesse período. Levamos cerca de três meses para finalizar toda a organização dos dados, o que demorou mais do que a criação dos fluxos. Em paralelo, criamos os *dashboards* no Power BI com indicadores gerenciais importantes como estações atendidas, *status* de solicitações, causas de cancelamento etc. No início houve ceticismo quanto aos valores apresentados, o que superado com a rastreabilidade dos dados e a transparência do processo.

10.3.3. Mudanças constantes de requisitos e de prioridade e indefinição de pontos críticos

Ao lidar com melhorias de processos e desenvolvimento de software, é comum que a clareza do *output* seja superficial. Assim, conforme se avança no desenvolvimento da solução e no detalhamento das atividades do processo, entramos numa zona exploratória. Por isso, é normal que o grupo de usuários vislumbre novas necessidades e desejos ao perceber o poder e a flexibilidade que a tecnologia permite.

Algumas das questões que enfrentamos ao longo do desenvolvimento foram: qual seria o modelo de organização dos dados não estruturados (fotos, PDF etc.)? Qual seria o *template* final do relatório? Como deveriam ser as segmentações do relatório? Quem poderia ter acesso? Por quanto tempo aquela solução deveria ficar disponível e funcional após o término do projeto?

Para endereçar as dúvidas, promovemos sessões de ideação, prototipamos possíveis caminhos e desenhamos cenários para o time técnico e gerencial. Mesmo assim, a discussão estava tomando bastante tempo e parecia não levar a uma decisão. Nesse ponto, ter um cronograma de marcos das *releases* nos ajudou a ter clareza do impacto que esse atraso estava causando. O cliente entendeu o contexto e pactuamos as datas máximas em que teríamos essas definições.

Ao final do prazo, os principais requisitos foram: o *template* a ser criado e os dados que deveriam constar nos relatórios. Modelamos um padrão de pastas em que os arquivos seriam colocados e a forma de migração dos arquivos (aqui a TI nos ajudou novamente fazendo uma cópia do ambiente de produção). Como não havia tempo para padronizar o nome dos arquivos, decidimos que o relatório traria um *link* para as pastas organizadas. Foi definido também o mecanismo de acesso e geração dos relatórios através de um aplicativo desenvolvido em Power Apps. Também implementamos geração em lote, com filtros por estado, empresa e data de instalação.

10.4. Resultados alcançados

10.4.1. Tangíveis e metrificáveis

- Geração automatizada de 20.000 relatórios em minutos, com possibilidade de reprocessamento futuro.
- Economia financeira estimada de 70% (algumas centenas de milhares de reais) em relação a soluções *high-code* ou SaaS.
- O sucesso foi medido pela aprovação do formato junto ao órgão regulador (Anatel).
- *Feedback* positivo do presidente.
- Indicador operacional: total de estações com dados de campo/total de estações que deveriam ser atendidas = 100%.
- *Backlog* zero de testes de inconsistência.

10.4.2. Intangíveis

- Visibilidade e rastreabilidade dos dados, com uma única fonte da verdade (*single source of truth*).
- Consolidação da credibilidade da informação junto aos *stakeholders* internos e reguladores.

10.5. Aprendizados

- **Modelo de gestão:** foi importante estabelecer um modelo híbrido de gestão de projetos que permitiu dar flexibilidade para o escopo no nível operacional e dar visibilidade para a gestão no nível tático e estratégico.
- **Foco na entrega de valor:** realizar sessões de ideação, mapear o processo, mostrar as novas funcionalidades e realinhar prioridades de forma sistemática.
- **Para contextualizar esses aprendizados, apresento a situação a seguir:** a nossa solução tinha *releases* muito bem definidas (base de dados única, *dashboard* gerencial, criação individual de relatórios, criação massiva de relatórios e *front-end*). Entretanto, os requisitos de cada uma dessas *releases* eram revisitados toda semana e o *backlog* era incrementado. Ter clareza de como o cronograma macro era impactado por realizar mais *sprints* que o planejado numa *release* nos ajudou a priorizar os requisitos necessários e os desejáveis e, assim, manter o foco na entrega de valor.
- **Incorporar práticas de desenvolvimento de software:** as ferramentas *low-code* e *no-code* visam a simplificar e democratizar o desenvolvimento de software. Mesmo assim, conforme a maturidade da organização com o tema avança, mais relevantes os aplicativos se tornam e uma interrupção ou falha pode gerar impactos importantes. Assim, conforme a solução escala, é importante estudar e implementar boas práticas já conhecidas da engenharia de software que vão complementar o desenvolvimento e reduzir o risco. Algumas técnicas que adotamos no nosso projeto foi:
    - **Separação de ambiente de desenvolvimento, homologação e produção.** Imagine dar um *commit* de um *bug* na véspera em que o ambiente de produção está sendo utilizado para gerar uma entrega importante. É um risco de alto impacto que pode ser mitigado com essa solução simples.

- **Gestão de versões.** Garante que você consiga voltar para a última versão estável em caso de alguma falha.
- **Repositório de código e *templates*.** Ajudam a criar uma identidade a ser seguida por todos e economiza tempo.

10.6. Sobre o autor

Fábio Portela atua com desenvolvimento de soluções tecnológicas e modernização de processos, com foco em plataformas *low-code*. Possui experiência em integração de sistemas, melhoria da experiência do usuário e automação de fluxos, especialmente em ambientes corporativos e operações de atendimento. Valoriza a entrega rápida de valor para o negócio por meio de soluções simples e eficazes.

10.6.1. Papel na aplicação do *case*

Atuou na Gestão e Liderança.

JORNADA
COLABORATIVA

11

Integração SAP com COBOL: desafios e soluções

Amanda Silva[27]

Período de acompanhamento:	De 02/2017 a 04/2019
Segmento da empresa:	Seguradora
Quantidade de colaboradores impactados:	7.000
Categoria do caso de uso:	Transformação digital e modernização de sistemas
Plataforma *low-code* utilizada:	IBM App Connect

[27] <http://linkedin.com/in/amanda-silva-723794233>.

11.1. Cenário inicial

Antes do início da integração, a empresa enfrentava um ambiente altamente fragmentado. O sistema legado em COBOL, ainda central na operação da seguradora, não se comunicava de forma eficiente com o sistema SAP, recém-implementado para apoiar áreas estratégicas. Essa falta de integração gerava retrabalho, atrasos no processamento de informações e uma forte dependência de processos manuais.

Um dos principais obstáculos foi a incompatibilidade de protocolos entre os dois sistemas. O COBOL operava em um modelo de comunicação síncrono e estruturado, com interfaces antigas e pouco flexíveis. Já o SAP utilizava padrões modernos e mais abertos, o que exigia a construção de uma ponte de comunicação capaz de traduzir e mediar os dados entre os dois ambientes.

Outro desafio relevante surgiu durante a fase de testes, quando diversos erros intermitentes foram identificados devido à natureza assíncrona de algumas chamadas e à volumetria dos dados processados. Além disso, havia pouca documentação atualizada sobre os fluxos críticos no sistema COBOL, o que dificultava o mapeamento inicial e a definição dos pontos de integração. Esse cenário exigiu um esforço significativo para levantamento técnico, definição de padrões e escolha cuidadosa das ferramentas que suportariam a solução desejada.

11.2. A busca pela solução mais adequada

Optamos por uma ferramenta *low-code/no-code* devido à sua capacidade de transformar dados de forma eficiente, à ampla variedade de conectores prontos e à agilidade no desenvolvimento de soluções. Foram processadas cerca de 60 milhões de transações por dia.

11.3. Processo de implantação

Para convencer a alta gestão, foi suficiente apresentar as características do projeto, que se alinhavam perfeitamente com os benefícios da ferramenta *low-code*. Já em relação à equipe operacional, não houve necessidade de convencimento, pois a ferramenta já havia sido homologada pela arquitetura.

As personalizações aplicadas não são relevantes para destacar.

O principal desafio foi convencer os envolvidos de que a plataforma *low-code* seria capaz de suportar a volumetria (estimada em 60 milhões de transações diárias). A desconfiança foi superada com testes de carga e demonstrações técnicas. Entre as lições aprendidas estão:

- A importância de definir padrões de arquitetura desde o início.
- Garantir documentação técnica robusta e orientada à operação.
- Utilizar a rastreabilidade dos fluxos como ferramenta de controle e governança.

11.3.1. Desenvolvimento da solução: passo a passo

A implantação foi conduzida com etapas bem definidas:

- **Identificação dos dados necessários:** mapeamento dos dados necessários para alimentar os programas em COBOL e identificar serviços disponíveis no SAP.
- **Estimativa de volumetria:** avaliação da quantidade e do tamanho dos dados, bem como da natureza das chamadas (síncronas ou assíncronas), permitindo definir a arquitetura e as tecnologias adequadas.
- **Desenho da arquitetura de comunicação:** a arquitetura contemplou alta disponibilidade, escalabilidade, tempo de resposta, rastreabilidade e segurança da informação, conectando SAP e COBOL via plataforma *low-code*.
- **Validação da arquitetura:** foram realizados testes de carga e provas de conceito (POC), assegurando a viabilidade da solução proposta.

- **Levantamentos funcionais e documentação:** com base nos fluxos de integração, foram definidos os requisitos funcionais e técnicos, além da documentação completa dos mapeamentos, tratamentos de exceção e padrões de arquitetura.

11.4. Resultados alcançados

O contexto inicial, marcado por processos manuais e morosos, foi transformado em uma operação moderna, eficiente e orientada por dados. A integração promovida por uma solução *low-code* foi decisiva para essa evolução.

11.4.1. Tangíveis e metrificáveis

A implementação da solução de integração entre o SAP e o COBOL, utilizando a plataforma *low-code,* gerou resultados expressivos e impactos relevantes para o negócio. A seguir, os principais destaques:

- **Melhoria operacional:** a integração proporcionou uma visão mais clara e em tempo real dos processos de negócio, permitindo à gestão decisões mais informadas e ágeis.
- **Aumento da eficiência:** a equipe passou a processar um volume 30% maior de transações sem a necessidade de aumentar o quadro de pessoal, otimizando produtividade.
- **Melhoria da experiência do cliente:** a redução no tempo de resposta e o aumento da precisão nas informações resultaram em maior satisfação e fidelização dos clientes.

11.4.2. Intangíveis

A seguir alguns dos principais destaques de impacto no negócio:

- **Aumento da competitividade:** eficiência operacional e redução de custos tornaram a empresa mais competitiva, ampliando sua base de clientes.
- **Melhoria na tomada de decisão:** a gestão passou a atuar com dados atualizados em tempo real, promovendo decisões estratégicas mais eficazes.
- **Fomento à inovação:** com recursos liberados e operações otimizadas, a empresa conseguiu investir em novas tecnologias e projetos inovadores.

11.5. Aprendizados

A integração entre SAP e COBOL pode parecer um desafio complexo, mas com as ferramentas e tecnologias certas é possível superar esses obstáculos e alcançar resultados eficientes. A utilização de plataformas *low-code* permitiu a criação de integrações robustas e escaláveis de forma rápida e segura.

Neste capítulo, exploramos os principais desafios enfrentados nessa integração, como a compatibilidade de dados e a necessidade de alta disponibilidade, e apresentamos soluções práticas para superá-los. Além disso, destacamos a importância de uma abordagem estruturada e documentada para garantir a qualidade e a manutenibilidade das integrações.

Esperamos que as experiências e lições aprendidas compartilhadas neste capítulo possam inspirar e auxiliar outros profissionais que enfrentam desafios semelhantes, demonstrando o potencial das plataformas *low-code* em transformar a integração de sistemas legados e modernos.

Com a evolução contínua das tecnologias e plataformas, acreditamos que a integração entre SAP e COBOL continuará a ser um campo fértil para inovação e melhorias, permitindo que as organizações maximizem o valor de seus sistemas e dados.

11.6. Sobre a autora

Amanda Felipe Gonçalves da Silva é mãe, esposa e uma profissional apaixonada por tecnologia. Com 18 anos de experiência em desenvolvimento de sistemas e gestão de projetos, atua hoje como executiva em uma consultoria de TI. Além de liderar equipes e estratégias, compartilha seu conhecimento como palestrante, inspirando outros profissionais na área.

11.6.1. Papel na aplicação do *case*

Atuou na Gestão e Liderança.

12

Desafio vs. desconfiança

Claudio França[28]

Período de acompanhamento:	De 11/2024 a 03/2025
Segmento da empresa:	Governo e educação
Quantidade de colaboradores impactados:	Mais de 2.000
Categoria do caso de uso:	Automação e eficiência operacional
Plataforma low-code utilizada:	Power Apps, Oracle Apex, Palantir Foundry

[28] <https://www.linkedin.com/in/crofrj>.

12.1. Cenário inicial

Encontramos muitas equipes, em diversos departamentos, com planilhas Excel e algumas aplicações obsoletas e sem manutenção, com muitas ideias de melhorias e sede de dados, gráficos interativos, painéis informativos etc. Como mudar a mentalidade das pessoas e fazê-las aderir a novas tecnologias? Qual caminho seguir? O *low-code* seria a resposta.

12.2. A busca pela solução mais adequada

Usamos metodologia ágil, com equipe formada por *Scrum*, UX, DBA e alguns *devs*, entre seniores e estagiários. No primeiro *app*, fizemos tudo como manda o figurino: história do usuário, *Lean Inception*, reuniões de *sprint*, tudo certinho. O *app* saiu, mas não foi usado. Agora usamos a mesma metodologia, mas com uma implementação mais ágil ainda: o último *app* foi feito em três meses e colocado em homologação (mas aquela homologação validando dados reais). Em menos de uma semana já existiam mais de mil registros de atividades, tornando a aplicação um sucesso. Agora só falta a entrega final e colocar em produção, mas sem perder os dados atuais, além de outras experiências com Apex e Foundry. Essas aplicações que estou relatando foram feitas em Power Apps.

12.3. Processo de implantação

No início, a equipe utilizou diversas APIs para conectar o Power Apps a bancos de dados como Oracle e SQL Server, explorando as possibilidades técnicas da plataforma. No entanto, ao identificar que não seria viável obter licenças Premium para todos os usuários, foi necessário reavaliar a estratégia, pois no Power Apps existem conectores que você só consegue utilizar se estiver usando uma licença Premium. Para usar uma conexão com o banco de dados Oracle ou mesmo um SQL da própria Microsoft, somente uma licença Premium pode fazer essa conexão, ou seja, todos os usuários que irão utilizar o *app* deverão ter essa licença. A partir disso, a solução passou a operar exclusivamente com conectores gratuitos, o que impôs algumas limitações, mas também incentivou a criatividade da equipe. Mesmo com essas restrições, foi possível desenvolver todas as funcionalidades necessárias sem custos adicionais.

Embora tenha sido considerada a possibilidade de utilizar PCFs (*PowerApps Component Frameworks*) para personalizações mais avançadas, decidiu-se manter a simplicidade e não seguir por esse caminho no momento. PCFs são criados por outros desenvolvedores fora da Microsoft, e, sendo assim, a Microsoft informa que não dá suporte nem garantia de perfeito funcionamento.

12.4. Resultados alcançados

12.4.1. Tangíveis e metrificáveis

Como exemplo de resultado, o desafio de uma das aplicações apresentadas era demonstrar as atividades realizadas pelas equipes de um departamento. Originalmente era tudo incluído em uma planilha, e para controlar era bem difícil. Após a finalização do *app* e disponibilização para os usuários experimentarem e homologarem a aplicação, em apenas um mês foi demonstrado tudo em um *dashboard*: mais de dois mil lançamentos, sendo 77 em andamento, 31 atividades novas, duas pendentes, 1.889 finalizadas. Também foi possível controlar a quantidade de atividades por colaborador, o percentual de atividades por departamento, por tipo, por origem, a quantidade de lançamentos diários etc., com filtros por dia, mês, ano, colaborador, departamento, entre outros.

12.4.2. Intangíveis

Dashboards encantadores e usuários perplexos com a velocidade do desenvolvimento, abandonando planilhas e querendo outras soluções. Esse foi o impacto impressionante de nossa trajetória em *low-code.*

12.5. Aprendizados

Após um ano amadurecendo uma equipe para entender as dores dos usuários acostumados com um universo de múltiplas planilhas, pegar uma delas e transformar em um aplicativo que funciona é simplesmente incrível.

Também observamos que a utilização de metodologias ágeis foi muito importante para não perdermos o fio da meada.

12.6. Sobre o autor

Claudio França atua há mais de 38 anos no mundo de TI, com foco em transformação digital e inovação. Possui ampla vivência em automação de processos, desenvolvimento de soluções e gestão de equipes técnicas, combinando experiência prática com adoção de tecnologias emergentes, como plataformas *low-code*. Defensor da aprendizagem contínua e do protagonismo na construção de soluções que impactam o cotidiano das organizações.

12.6.1. Papel na aplicação do *case*

Atuou na automação de processos, no desenvolvimento de soluções e na gestão de equipes técnicas.

JORNADA
COLABORATIVA

13

A estratégia *low-code*: estrutura, escalabilidade e governança com OutSystems

Carlos Eduardo Penha[29] Garcia Júnior

Período de acompanhamento:	De 01/2021 até o momento
Segmento da empresa:	Indústria (engenharia e manufatura)
Quantidade de colaboradores impactados:	24.000
Categoria do caso de uso:	Governança e modernização de sistemas
Plataforma *low-code* utilizada:	OutSystems

[29] <https://www.linkedin.com/in/carlos-garcia-tech-manager/>.

13.1. Cenário inicial

Uma das maiores empresas globais de engenharia possuía uma equipe de TI com mais de 11 mil colaboradores. No entanto, a limitação orçamentária da área fazia com que projetos com maior retorno sobre investimento tivessem prioridade, deixando de fora muitas demandas operacionais importantes. Diversas unidades de negócio passaram então a desenvolver suas próprias soluções, sem envolvimento da TI, criando um ambiente de *Shadow IT* – com planilhas complexas, macros e aplicativos sem controle de versionamento, segurança ou manutenção.

13.2. A busca pela solução mais adequada

Em 2021, frente ao risco crescente representado por essas soluções paralelas, uma das unidades de Engenharia propôs que as áreas de negócio adotassem uma plataforma *low-code* que possibilitasse o desenvolvimento de aplicações com agilidade e segurança, mas sob orientação e suporte da área de TI. Após uma PoC com OutSystems, que envolveu a criação colaborativa de uma aplicação funcional entre um desenvolvedor e um usuário de negócio, a plataforma foi oficialmente escolhida. O sucesso imediato da aplicação piloto reforçou a escolha e impulsionou a estruturação de um programa escalável.

13.3. Processo de implantação

Atuei diretamente na estruturação inicial do programa em 2021, liderando o projeto que entregava a criação da arquitetura técnica, políticas de governança, definição do ambiente de desenvolvimento e documentação no Confluence. Essa estrutura serviu como base para a expansão segura da plataforma.

A implantação seguiu um modelo escalonado, priorizando áreas com maior aderência ao conceito de *citizen development*. As aplicações iniciais tinham escopo controlado e foco em processos internos simples, o que permitiu ganhos rápidos e visibilidade para o programa.

Com o sucesso dos primeiros projetos, a iniciativa foi expandida para outras unidades de negócio e, posteriormente, também para a TI central, agora com um ambiente dedicado à construção de aplicações mais complexas com integração a sistemas legados como SAP.

13.3.1. As primeiras dificuldades e resistências

A introdução da plataforma enfrentou resistências tanto de áreas técnicas quanto das áreas de negócio. Os times de desenvolvimento mais experientes duvidavam da flexibilidade da plataforma frente a *stacks* tradicionais como .NET ou Java. Por outro lado, os usuários de negócio, ainda inseguros quanto à sua capacidade de desenvolver soluções tecnológicas, precisavam de apoio para assumir o papel de *citizen developers*. Havia também o desafio cultural de mudar o paradigma de que apenas a TI era responsável por criar soluções digitais.

13.3.2. Superando as barreiras e ajustando o processo

- **Capacitação:** realização de treinamentos semanais, disponibilização de um ambiente *sandbox* para experimentação e suporte técnico contínuo com especialistas em OutSystems.
- **Governança:** estabelecimento de um ambiente de desenvolvimento controlado, com uso de *templates*, regras de codificação, *guardrails*, *design system* e diretrizes claras de segurança e conformidade.
- **Reutilização:** acesso a componentes certificados e previamente validados pela TI central, permitindo ganho de velocidade no desenvolvimento e aderência aos padrões corporativos.

13.4. Resultados alcançados

13.4.1. Tangíveis e metrificáveis

- Mais de 500 aplicações entregues em quatro anos.
- Redução de custos de desenvolvimento em até 75%.

- Tempo médio de entrega reduzido de 480 dias para 120 dias em projetos comparativos com Java/.NET.
- Treinamento de 1.300 profissionais em OutSystems.
- Média de 24.000 usuários ativos por ano.
- Redução significativa do *backlog* da TI e eliminação progressiva de *Shadow IT*.

13.5. Aprendizados

- A combinação entre autonomia do negócio e governança da TI é essencial para escalar com segurança.
- A figura do *citizen developer* é viável quando há suporte técnico, componentes reutilizáveis e treinamentos práticos.
- Ter um Centro de Excelência atuando como pilar técnico e estratégico evita a dispersão e garante alinhamento organizacional.
- O envolvimento da TI desde o início, inclusive com ambientes dedicados à complexidade técnica, ajuda a legitimar a plataforma e engajar desenvolvedores experientes.
- A documentação centralizada (ex.: Confluence) e os *templates* padronizados garantem consistência, qualidade e velocidade.

13.6. Sobre o autor

Carlos Eduardo Penha Garcia Júnior é profissional com mais de 17 anos de experiência em tecnologia, tendo atuado em empresas como HP, TOTVS, Bosch, Via, Grupo Casas Bahia e Livelo, onde atualmente lidera a Engenharia de Plataforma (*cloud native* e *front-end mobile*). Especialista em arquitetura de software, gestão de times ágeis e transformação digital, também é fundador da Tech Experts Mentory, programa de mentoria voltado à aceleração de carreiras em tecnologia. Casado, pai de duas meninas e cristão, defende que o papel da tecnologia vai além da solução técnica: ela existe para amplificar o potencial humano, gerar valor real e impulsionar negócios sustentáveis, liderados por pessoas preparadas para construir futuros de alto impacto – com decisões orientadas por dados, propósito e inovação.

13.6.1. Papel na aplicação do *case*

Naquele período de 2021, atuei como *IT Project Manager*, sendo responsável pela implementação do projeto inicial que contemplava estrutura organizacional, arquitetura técnica, políticas de governança, documentação (via Confluence), suporte e ambiente de desenvolvimento *low-code*, além do gerenciamento dos pilares da qualidade do projeto (escopo, *budget* e prazo). Minha atuação foi focada no elo entre as áreas de negócio e a TI, bem como no gerenciamento da expectativa dos *stakeholders*, contribuindo para a expansão segura e escalável da plataforma.

14

Montando um sistema de mentoria 100% *low-code*

Samuel Pereira[30]

Período de acompanhamento:	De 11/2024 a 06/2025
Segmento da empresa:	Educação
Quantidade de colaboradores impactados:	50
Categoria do caso de uso:	Aplicações para setores específicos
Plataforma *low-code* utilizada:	Xano, N8N, Tally e Lovable

[30] <https://www.linkedin.com/in/pereira-samuel/>

14.1. Cenário inicial

Como criar uma solução de impacto em poucos dias, com baixo custo e sem escrever uma linha de código?

Esse foi o desafio que enfrentamos. A combinação entre escassez de tempo, incerteza sobre o caminho ideal e a necessidade de entregar resultados concretos nos levou a explorar abordagens alternativas de construção de soluções. Este capítulo narra, de forma prática e direta, a jornada de prototipação radical que percorremos: desde a definição de um problema crítico até a entrega de uma solução funcional desenvolvida inteiramente com ferramentas *no-code/low-code*, com foco em gerar valor real, mesmo diante da complexidade e da urgência.

A jornada de construção do produto[31] (gerador de planos personalizados de estudos e carreira) foi permeada principalmente por uma pergunta central: como testar todas as hipóteses possíveis de forma rápida, eficiente e que gere valor para o usuário final, mas ainda assim reduzir de 90% a 95% dos custos diretos?

O problema? A falta de direcionamento e visão de carreira no mercado profissional. Uma dor profunda, difícil de ser identificada, que a maioria dos profissionais sente, mas não consegue nomear – ou sequer percebe que precisa de ajuda e orientação.

Após muita validação e refinamento do problema, chegamos a uma visão de produto futuro: um ecossistema voltado para o desenvolvimento e direcionamento de carreiras, com foco em curadoria de mentores e um sistema de mentorias guiadas e personalizadas.

Esse ecossistema estaria conectado a um amplo ambiente de desenvolvimento de habilidades de negócios, aprendizado estratégico e inteligente – tudo conduzido por um sistema que orienta a pessoa etapa por etapa.

Mas como transformar essa visão em algo concreto? Como entrar no jogo com passos pequenos, minimizando riscos e, ao mesmo tempo, entregando valor – ainda que em partes fragmentadas de um todo?

---

31 <https://tally.so/r/wavK19>

Além disso, o tempo era fator crítico. O *backlog* (lista de ideias), as *features* (funcionalidades), os riscos e as novas hipóteses cresciam rapidamente, e, para uma *startup*, isso pode ser fatal. É preciso testar e falhar mais rápido do que o *backlog* se acumula.

Em vez de pensar em um sistema monolítico, decidimos pensar de forma prática: como um mentor de pessoas constrói planos de desenvolvimento individual e oferece *feedbacks* tradicionalmente?

Foi aí que chegamos ao protótipo de um recorte do todo: um microssistema capaz de construir planos de estudo e carreira personalizados, desenvolvido a partir da conexão de ferramentas *no-code/low-code*, automatizando um fluxo que, por muito tempo, era manual e artesanal.

14.2. A busca pela solução mais adequada

Prototipação intensa, testes no dia a dia, sempre tentando desenhar o menor caminho feliz e pensar em como reproduzir em *no-code* – e, para isso, quanto menor, melhor.

Muito trabalho de *problem framing*, *storyboards* e testes de cenários, com rodadas de críticas utilizando técnicas e *frameworks* para validação de ideias e hipóteses. Passamos por ideação de soluções com Python, RPA, *landing pages*[32] puras, Bubble. Nesse ponto, a *expertise* do time foi importante.

14.2.1. Testar no caos: uma rotina de validação

Tempo de pesquisa, ideação e prototipação – se bem gasto – economiza 90% do tempo de desenvolvimento, ainda mais em produtos e projetos de alta complexidade.

Quando chegamos ao fluxo ideal, tínhamos em mãos três ideias/fluxos principais, cada qual com suas particularidades, e um funil de venda e desenvolvimento pensado para dar visibilidade aos problemas iniciais que enfrentaríamos ao lançar. Tudo isso foi pensado para comparar qual faria mais sentido lançar e investir tempo.

Os três fluxos cabiam na *stack*[33] tecnológica que estávamos imaginando, de forma geral.

[32] Página de destino na *web*, geralmente voltada à captação de *leads* ou apresentação de um produto.
[33] Conjunto de ferramentas e tecnologias utilizadas no desenvolvimento de uma solução digital.

14.3. Processo de implantação

A implantação foi extremamente simples e rápida, resultado direto da escolha estratégica das ferramentas. O Tally, por ser um formulário *web*, gera automaticamente uma página pronta para uso assim que finalizada. Já o Xano, plataforma *no-code* de *back-end*, permite que todo o ambiente de desenvolvimento seja publicado com um clique, sem necessidade de *pipelines* ou configurações técnicas. O N8N, responsável pelas automações, segue a mesma lógica: basta ativar os fluxos para que tudo esteja funcionando.

A simplicidade operacional foi um dos principais motivos para escolher esse conjunto de tecnologias. Não houve qualquer problema técnico ou barreira durante a implantação. Em poucos minutos o sistema estava no ar e plenamente funcional.

A facilidade de publicação e manutenção permitiu um processo ágil, sem dependência de infraestrutura complexa, o que reforça o papel estratégico das ferramentas *no-code* para projetos que exigem validação rápida e entrega contínua.

14.3.1. As primeiras dificuldades e resistências

Engajamento não é garantia de qualidade.

Resistência não encontramos, mas dificuldade em engajamento profundo, sim. Conseguimos respostas rápidas e *feedbacks* positivos também com o grupo de controle. No geral, foram boas impressões. Porém, após o primeiro contato, enfrentamos dificuldade no engajamento do grupo com o propósito do produto.

Mesmo um grupo de controle bem selecionado não garante engajamento e utilização real. Por isso, é importante gastar tempo criando formas e pontos de contato para engajar o grupo, além de sempre trabalhar com um grupo maior do que se imagina como ideal.

É melhor ter vários *feedbacks* ruins, porém profundos e detalhados, provenientes de uma utilização real, do que diversos *feedbacks* positivos, mas rasos, sem engajamento real. Um grupo de controle bem trabalhado e selecionado pode não fornecer os melhores *feedbacks* e se apegar a pontos irrelevantes – mesmo quando você faz um trabalho de preparação deixando claro o propósito maior e que se trata de uma versão beta, prototipada, feita para testes e validação.

Muitas vezes, mesmo a versão beta precisa ter uma "cara" de final ou deve focar em aumentar fortemente o grupo de controle inicial. Descobrimos também que a versão final para o beta já estava pronta na primeira entrega e não carecia de mais refinamentos ou discussões. O maior teste é encarar a realidade.

14.3.2. Superando as barreiras e ajustando o processo

Nosso processo incluía a identificação e seleção de ideias: cada membro desenhava o caminho e a possível solução, colocando-a à prova diante do restante do grupo. Durante três meses repetimos esse processo e refinamos o *backlog*[34] do produto, testando e eliminando ideias em busca de um fluxo adequado para produção rápida.

Desde o início tínhamos em mente utilizar tecnologias *no-code* para o desenvolvimento da solução. Então, a mentalidade também foi focada naquilo que chamo de mentalidade *no-code*: foco no que é essencial, no que agrega mais valor e no que tem capacidade de gerar resultado e abrir caminho – sem apego a coisas pequenas ou necessidade de "escovar *byte*"[35].

No meio disso tudo, como líder de produto e desenvolvimento, focava boa parte do meu tempo em transformar tudo o que estava sendo discutido em possíveis caminhos práticos, utilizando diferentes ferramentas *no-code/low-code* e avaliando qual traria mais capacidade produtiva e, ao mesmo tempo, possibilidade de customização, caso fosse necessário no futuro próximo.

Parte do processo de exploração era desenhar *blueprints*[36] das possíveis abordagens a partir das plataformas selecionadas, para avaliar a viabilidade técnica e operacional das soluções propostas.

Analisei e testei GitHub Actions conectado ao Google Colab rodando pequenos *snippets* de automação, Back4App, Bubble, Carrd, N8N, AppSheet, Rocketbot e GPT customizado, além de ferramentas de *chatbot* como Tiledesk e Kinbox, que já permitem integração com múltiplos canais de comunicação.

Quando já havíamos avançado significativamente no refinamento da ideia do protótipo, estruturamos a primeira versão funcional voltada para mentorias individuais. Essa versão previa:

- registro de dados da mentoria exploratória;
- ferramenta de mapeamento de habilidades de negócios (dentro de um *framework* próprio);
- geração de um plano individual com base nas informações coletadas;

[34] Lista priorizada de tarefas, ideias ou funcionalidades pendentes no desenvolvimento de um produto.

[35] Otimizar código em níveis muito baixos, com foco excessivo em detalhe técnico.

[36] Esboço estrutural ou modelo inicial de uma solução técnica.

- Estrutura para mapear pontos fortes e experiências do mentorado (*canvas* de carreira[37]);
- curadoria de mentores e aplicação da metodologia guiada de mentoria e direcionamento.

No entanto, percebemos que a solução ainda estava grande demais. A cada tentativa de encapsular todos os elementos em uma entrega viável, novas brechas e hipóteses surgiam. O *backlog* crescia, sem horizonte claro de aterrissagem para um MVP[38] simples e validável.

Foi nesse momento que, durante um dos testes, percebemos: ainda era possível simplificar mais. A pergunta central passou a ser: "qual é o menor produto possível que ainda encapsula nossa metodologia, alinhada aos pontos fortes e às experiências do mentorado?"

A resposta foi o Plano de Estudos e Carreira Personalizado, ou PDI[39], da DrivenX – uma solução que traduzia toda a lógica de direcionamento em um único artefato. Partimos, então, para o esboço inicial da solução.

Como de costume, desenhei primeiro o fluxo em papel (ou no bloco de notas) descrevendo o "caminho feliz" da jornada do usuário, sem pensar em tecnologias ou ferramentas – apenas nos passos necessários para resolver o problema de forma direta. Em seguida, montamos um *workflow*[40] com tarefas e verificamos, internamente, se esse fluxo mínimo seria suficiente para validar as hipóteses centrais do produto base.

A partir dessa estrutura, iniciamos os testes com ferramentas que pudessem entregar esse fluxo com rapidez, flexibilidade e o mínimo de atrito técnico.

Comecei eliminando tecnologias que adicionavam complexidades desnecessárias à entrega:

- *Chatbots* foram descartados por ainda exigirem maior tempo de configuração, mesmo oferecendo boas possibilidades de interação.
- Python com Colab foi descartado devido à necessidade de banco de dados e infraestrutura adicional.

[37] Ferramenta visual usada para mapear experiências, habilidades e objetivos profissionais.
[38] Sigla para *Minimum Viable Product* (Produto Mínimo Viável), a versão mais simples que permite validar uma solução.
[39] Sigla para Plano de Desenvolvimento Individual.
[40] Fluxo de trabalho estruturado em etapas sequenciais ou condicionais.

Testamos o Back4App como alternativa *low-code*, mas a curva de aprendizado, as limitações na customização e a necessidade de código nos levaram a buscar outra solução.

Foi aí que chegamos ao Xano – plataforma *no-code* que se mostrou ideal para:

- criar APIs e *endpoints*[41] automaticamente;
- construir bancos de dados e funções com flexibilidade;
- customizar fluxos de lógica de negócio com facilidade;
- e integrar tudo com custo zero e excelente usabilidade.

Com o *back-end* resolvido, partimos para a escolha da interface. Já havíamos descartado ferramentas como Bubble, por serem mais robustas do que o necessário. Avaliamos Google Forms, Zoho Forms, Jotform e até soluções em Python, mas escolhemos o Tally, que oferecia:

- interface fluida e amigável;
- fluxos condicionais dentro do formulário;
- suporte nativo a *webhooks*;
- conectividade direta com o Xano.

Para completar a *stack*, faltava orquestração de tarefas – agendamentos, disparos de comunicação e formatação de entregas. A solução veio com o N8N.

Faltava apenas a camada de geração de conteúdo com IA. Após testes comparativos entre GPT e DeepSeek[42], optamos pelo segundo, que oferecia custos mais baixos e manteve a qualidade esperada.

Com Xano (*back-end*), Tally (interface), N8N (automação) e DeepSeek (geração de conteúdo), fechamos a composição da solução.

14.4. Resultados alcançados

Destaques do projeto:

1. Versão beta, estável e funcional entregue em 10 dias.
2. Custo de infraestrutura direto reduzido em 600%.

---

[41] Ponto de acesso de uma API que permite envio ou recebimento de dados.

[42] Modelo de inteligência artificial especializado em geração de texto, alternativa ao GPT.

3. Em 15 dias, foram testadas 75% das hipóteses do beta.
4. Tempo na criação do plano de carreira reduzido em 98% vs. abordagem tradicional.
5. Tempo médio de geração por plano de carreira/estudos: dois minutos.

14.4.1. Tangíveis e metrificáveis

Com a *stack* definida, o desenvolvimento foi iniciado. Em 10 dias, a solução estava pronta, funcional e já em uso pelo grupo de controle. Tudo rodava de forma integrada, 100% *no-code/low-code*, com alta capacidade de customização e escalabilidade sempre que necessário.

A comunicação com o DeepSeek ficou centralizada no Xano inicialmente. À primeira vista, isso poderia parecer uma limitação, especialmente caso fosse necessário refinar o fluxo de RAG[43] ou a estratégia de comunicação com IA. No entanto, com o N8N na solução, tornou-se simples transpor esse controle e trabalhar com uma lógica mais refinada em cenários avançados.

A entrega do plano de estudos era feita em texto puro, no formato *markdown*, enviado no corpo do e-mail. Essa escolha foi intencional, alinhada à visão de prototipação radical: validar hipóteses e eliminar caminhos disfuncionais era mais importante do que qualquer camada estética ou visual. O que realmente importava nesse estágio era a crítica. Foi a partir desse contato real com usuários que obtivemos *feedbacks* relevantes, permitindo medir o que de fato precisava ser ajustado.

Após uma rodada com o grupo de controle, percebemos um ponto fundamental: o gerador tinha impacto significativamente maior quando utilizado diretamente pelo mentor, e não apenas como ferramenta de captação para a mentoria. Essa constatação levou ao nascimento do IDPTracker[44], um *web app* desenvolvido utilizando Lovable, com 15 mensagens no plano gratuito. Com o *web app*, o mentorado passou a poder acompanhar os avanços em seus planos com mais clareza. A interface era nova, mas toda a base lógica e técnica já estava estruturada no Xano, bastando conectar os *endpoints* para ativar o novo produto.

Esses resultados demonstram que, com uma abordagem enxuta, foi possível não apenas validar hipóteses de valor, mas também gerar entregas reais, funcionais e escaláveis

[43] Sigla para *Retrieval-Augmented Generation*, técnica que combina recuperação de dados com geração de texto por IA.

[44] <https://idp-tracker.lovable.app/>

em um intervalo curto de tempo – com custos drasticamente reduzidos em comparação a abordagens tradicionais.

14.5. Aprendizados

Ao longo do processo, acumulamos aprendizados importantes sobre o que funciona (e o que não funciona) ao buscar validar um produto inovador de forma ágil.

Resistência explícita por parte dos usuários não foi identificada, mas enfrentamos dificuldade em gerar engajamento profundo com o grupo de controle. Mesmo com uma seleção cuidadosa, percebemos que isso não é garantia de uso real ou validação efetiva. A conclusão foi clara: é essencial investir tempo em criar diferentes pontos de contato com os usuários e, sempre que possível, trabalhar com um grupo de teste maior do que o considerado ideal.

Mais do que quantidade de *feedbacks*, aprendemos que a qualidade da interação é o que realmente importa. É preferível receber vários *feedbacks* negativos, porém profundos e detalhados, do que diversos retornos positivos e rasos, sem envolvimento real. Mesmo grupos bem preparados podem se apegar a aspectos irrelevantes, ignorando o valor central do protótipo. Por isso, uma das lições mais importantes foi entender que muitas vezes a versão beta precisa ter aparência de versão final (mesmo que não o seja tecnicamente), para gerar o nível de engajamento necessário à validação.

Outro ponto central foi o entendimento de que prototipação radical exige uma disciplina de simplificação constante. A todo momento era necessário revisar hipóteses e reduzir o escopo para que o ciclo de *feedback* pudesse ser acelerado. Percebemos que, mesmo em produtos complexos, tempo bem investido em pesquisa, ideação e estruturação economiza até 90% do tempo de desenvolvimento futuro.

Essa é, no fim das contas, a essência do *mindset* de produto que adotamos: prototipar pensando nas hipóteses que queremos validar, e não em achismos ou preferências técnicas. A pergunta que nos guiou foi: "o mínimo que temos aqui já válida a hipótese e entrega valor?".

Pode não ser bonito – e muitas vezes não é –, mas funciona. Produto é sobre resolver dor, não sobre estética. E é por isso que acreditamos tanto no poder do *no-code*: ele permite projetar, testar, aprender e entregar com velocidade, funcionalidade e impacto reais.

Em última análise, compreender o *landscape*[45] *no-code/low-code* é muito mais do que dominar ferramentas visuais. É adquirir repertório prático para imaginar, construir e validar soluções de forma estratégica, rápida e acessível. Em vez de investir tempo e energia em estruturas complexas desde o início, o conhecimento sobre esse ecossistema nos permitiu começar leve, testar com usuários reais, aprender com velocidade e escalar com consciência. Mais do que evitar código, trata-se de direcionar esforço para onde está o valor. É essa lógica que viabilizou a entrega da solução em apenas dez dias - não como exceção, mas como evidência concreta do que se pode alcançar quando se unem pensamento de produto, disciplina de simplificação e a *stack* certa na hora certa.

14.6. Sobre o autor

Especialista em Automação Inteligente, *Tech Lead Manager* pela Sabesp e Cofundador da DrivenX. Possui mais de 10 anos de experiência em tecnologia e liderança em projetos de automação, inovação e gestão de produtos.

Atua nas áreas de RPA, Desenvolvimento de Software e Transformação Digital. Tem *expertise* em liderar projetos que envolvem automação de processos, inteligência artificial e gestão de produtos, trabalhando em empresas como Ernst & Young, Hapvida, Banco do Nordeste e Odonto System.

Atuou como mentor e professor, compartilhando seu conhecimento em tecnologia e gestão com profissionais em desenvolvimento. Ministrou cursos e *workshops* sobre automação de processos, metodologias ágeis e desenvolvimento de software, aprimorando habilidades técnicas e práticas de gestão de equipes e indivíduos.

Ao longo da carreira, participou de projetos que envolveram a transformação digital de processos ponta a ponta, incluindo arquitetura de soluções, *machine learning*, inteligência artificial, *analytics*, RPA, API e *cloud*. Possui conhecimento aprofundado em métricas de produto e melhores práticas para construir uma visão e um *roadmap* de produto alinhados aos objetivos do negócio.

14.6.1. Papel na aplicação do *case*

Responsável pela liderança do produto e de todo o processo de desenvolvimento da solução. Atuei diretamente na definição do escopo, na validação das hipóteses, na escolha e na implementação da *stack no-code/low-code*, na coordenação da prototipação e no acompanhamento da execução até a entrega final e a coleta de *feedback* com os usuários.

---

[45] <https://nocode-landscape.com/>

Referências

BECK, K. *et al. Manifesto para Desenvolvimento Ágil de Software.* 2001. Disponível em: <https://agilemanifesto.org/iso/ptbr/manifesto.html>. Acesso em: 07 ago. 2025.

BRIGGS, B.; KASSNER, E. *Enterprise Cloud Strategy.* 2.ed. Redmond, WA: Microsoft Press, 2017.

BROOKS JR., F. P. *The Mythical Man-Month:* essays on software engineering. Anniversary edition. Boston: Addison-Wesley, 1995.

CAPELLO, R.; LENZI, C. Industry 4.0 and servitisation: Regional patterns of 4.0 technological transformations in Europe. *Technological Forecasting and Social Change,* v. 173, 2021. Disponível em: <https://doi.org/10.1016/j.techfore.2021.121164>. Acesso em: 07 ago. 2025.

GARTNER. *Citizen Developer.* Disponível em: <https://www.gartner.com/en/information-technology/glossary/citizen-developer>. Acesso em: 07 ago. 2025.

GARTNER. *Gartner says cloud will be the centerpiece of new digital experiences.* Nov. 10, 2021. Disponível em: <https://www.gartner.com/en/newsroom/press-releases/2021-11-10-gartner-says-cloud-will-be-the-centerpiece-of-new-digital-experiences>. Acesso em: 07 ago. 2025.

HUMBLE, J.; FARLEY, D. *Continuous Delivery:* reliable software releases through build, test, and deployment automation. (The Addison-Wesley Signature Series) Boston: Addison-Wesley, 2010.

IBM. *Better data, smarter AI. watsonx.data.* Disponível em: <https://www.ibm.com/products/watsonx-data>. Acesso em: 07 ago. 2025.

IBM. *IBM watsonx documentation.* Disponível em: https://www.ibm.com/docs/en/watsonx. Acesso 07 ago. 2025.

IBM. *Realize the promise of AI with watsonx.* Disponível em: <https://www.ibm.com/watsonx>. Acesso em: 07 ago. 2025.

IBM. *Watsonx Orchestrate:* AI agents for business. Disponível em: <https://www.ibm.com/products/watson-orchestrate>. Acesso em: 07 ago. 2025.

METABASE. Site. Disponível em: <https://www.metabase.com>. Acesso em: 07 ago. 2025.

N8N. Site. Disponível em: <https://n8n.io>. Acesso em: 07 ago. 2025.

OPENAI. Site. Disponível em: <https://openai.com/pt-BR/>. Acesso em: 07 ago. 2025.

OUTSYSTEMS. Site. Disponível em: <https://www.outsystems.com/>. Acesso em: 07 ago. 2025.

PEREIRA, S. O Futuro é TECH. *Vire Tech,* 13 jul. 2025. Disponível em: <https://viretech.substack.com/p/o-futuro-e-tech-727>. Acesso em: 07 ago. 2025.

PMI – Project Management Institute. *Citizen Development:* the handbook for creators and changemakers. Newtown Square: PMI, 2021.

PRESSMAN, Roger S. *Engenharia de Software.* 7.ed. São Paulo: McGraw-Hill, 2011.

RESEARCH AND MARKETS. Global $187 Billion Low-Code Development Platform Market to 2030. GlobeNewswire, Nov. 10, 2020. Disponível em: https://www.globenewswire.com/news-release/2020/11/10/2123468/0/en/Global-187-Billion-Low-Code-Development-Platform-Market-to-2030.html>. Acesso em: 13 ago. 2025.

SCRUM GUIDES. Site. Disponível em: <https://scrumguides.org/>. Acesso em: 07 ago. 2025.

THOMAS, D.; HUNT, A. *The Pragmatic Programmer:* your journey to mastery. 20th anniversary edition. Boston: Addison-Wesley, 2019.

WEN, Y.-C.; CHEN, W.-H. Service Innovation and Quality Assessment of Industry 4.0 Microservice through Data Modeling and System Simulation Evaluation Approaches. *Applied Sciences,* v. 12, n. 9, 4718, 2022. Disponível em: <https://doi.org/10.3390/app12094718>. Acesso em: 07 ago. 2025.

Agradecimentos

Agradeço a todos os autores que acreditaram no nosso projeto e escolheram compartilhar com a sociedade suas histórias e lições aprendidas.

Vida longa à Jornada Colaborativa!

Antonio Muniz

Quero agradecer à minha família por entender o esforço que foi necessário para conceber este livro.

Agradeço ao Antonio Muniz pelo projeto da Jornada e por todo o apoio na curadoria. Agradeço também ao time de curadores que foram parceiros desde o começo e a todos os autores que se disponibilizaram a compartilhar conhecimento e contar *cases* reais.

É dessa forma que conseguimos contribuir para que cada vez mais o conhecimento sobre *low-code* e novas tecnologias esteja acessível a mais pessoas.

Henrique Castro

Agradeço profundamente aos meus familiares, por todo o apoio e incentivo ao longo da minha trajetória pessoal e profissional. A Deus, por sempre colocar em meu caminho pessoas iluminadas, generosas e dispostas a compartilhar conhecimento.

Um agradecimento especial ao Antonio Muniz, pela confiança em me colocar à frente deste projeto tão significativo. Aos curadores, pela parceria, pelo comprometimento e pela dedicação em cada etapa, e aos autores, que enriqueceram esta obra com suas experiências reais e relevantes.

Este livro é resultado de muitas mãos, mentes e corações unidos por um propósito em comum: democratizar o conhecimento sobre o universo *low-code* e mostrar, na prática, como essa abordagem pode transformar negócios e carreiras.

Sou grato por fazer parte dessa construção coletiva.

Flávio Botrel Castro

Quero deixar meu agradecimento à minha família pelo apoio de sempre e a Deus por me permitir superar desafios e trilhar essa jornada com uma equipe tão especial de curadores – em especial ao Muniz, pela confiança e pelo convite. Agradeço a cada pessoa que compartilhou conhecimento e ajudou a revelar o potencial transformador da automação e do uso de linguagem simples com *low-code*. Seguimos aprendendo juntos!

Maria Goreti Macena

Sobre a Brasport

Há 30 anos a Brasport é referência em publicações de tecnologia, gestão e carreira.

Nosso catálogo, disponível em www.editorabrasport.com.br, é composto por obras que você encontra tanto em livrarias físicas como na Amazon e em eventos especializados.

Além disso, nossas publicações estão acessíveis em uma plataforma digital que alcança 4 milhões de assinantes, distribuídos em 900 universidades e empresas.

Quer se unir a essa trajetória de sucesso? Entre em contato conosco pelo e-mail: administrativo@brasport.com.br